TRADUCTION

DU DISCIPLE

DE LHOMOND

II

D. THIÉRY ET Cⁱᵉ. — IMPRIMERIE DE LAGNY

LE DISCIPLE

DE LHOMOND

OU

RECUEIL DE PHRASES

QUI ONT RAPPORT AUX DIFFÉRENTES RÈGLES CONTENUES DANS LES ÉLÉMENTS
DE LA GRAMMAIRE LATINE DE LHOMOND

Par J.-B. BLANCHIN

TRADUCTION LATINE

Faite par l'Auteur même

SECONDE PARTIE

LIBRAIRIE JACQUES LECOFFRE

LECOFFRE FILS ET Cie, SUCCESSEURS

PARIS | **LYON**

90, RUE BONAPARTE, 90 | 2, RUE BELLECOUR, 2

1875

TRADUCTION

DU

DISCIPLE DE LHOMOND

THEMA PRIMUM

Hic et illic præruptis è saxis ruit Nilus. Id Nili cataractas vocant: postquàm vastas placidè interfluxit Æthiopiæ solitudines, et priusquàm Ægyptum attingat, istas
præterit cataractas. Tunc repentè, adversante ipsius
naturâ, furens spumansqne factus hic ubi coercetur, devictis tandem obviis obstaculis ab altis rupibus tanto
devolvitur fragore, ut indè ad tertiam leucam audiatur.
Indigenæ nonnulli viatoribus præbent spectaculum quod
quantumvis festivum videatur, magis tamen horrificum
est. Ambo conscendunt naviculam, alter qui istam dirigat,
alter verò qui aquam subeuntem emittat. Quamvis vio-
lenta sit fluctuum agitatio, suam dexterè regunt naviculam, torrentisque ipsos jaculi instar impellentis impetui
sese permittunt. Quos tremens spectator barathro quò se
immittunt mox absorbendos existimat. At Nilus proprium
ad cursum reversus, suas super aquas quietas placi-
dasque illos iterùm exhibet. Illud facti, quantumvis fidem videatur excedere, tum Seneca, tum recentes pere-
grinatores attestantur.

THEMA SECUNDUM

Inter cætera in Ægypto visenda numeratur Alcairi
castellum. In monte extrà urbem positum, suprà rupem

II   1

quæ illi est fundamento ædificatum est ; illudque sepiunt
mœnia tàm alta et crassa, quàm quæ maximè. Hoc ad
castellum ascendunt excisis scalis adeò mollibus, ut equi
camelique, quamvis onusti, eò haud ægrè deveniant.

Lacus Mœris· omnium operum Ægypti regum maximè
egregium mirandùmque habebatur, ne exceptis quidem
pyramidibus necnon labyrintho. Qui lacus circiter duodecim vel quindecim leucis patebat, trecentisque altus
erat pedibus. Cùm Nilo coibat, canalis ope qui quatuor
leucis longior, quinquaginta pedibus latus erat.

Perhibent cùm Romanus quidam felem per imprudent-
iam inconsultòque occidisset, in domum illius furentem
plebeculam accurrisse : rex frustra suos misit custodes :
impedire non potuerunt quin interfectorem trucidaret
plebecula. Ea erat Ægyptiorum ergà feles veneratio, ut
horrendæ famis temporibus, se invicem vorare quàm
istud animalium manu attingere maluerint.

THEMA TERTIUM

Aiunt Ægyptios quatuor intrà menses plus trecenta
ovorum millia in furnis fovisse. Istis furnis calefaciendis
ferè decem dies dabant, pullisque excludendis fermè tan-
tùmdem temporis. Peramœnum præbebatur spectaculum, dùm excluderentur pulli isti, quorum solùmmodò
caput alii, alii medium corpus nudabant, totique pro-
dibant alii ; quos vix egressos hæc inter ova cursitantes
videas ; idque vero erat oblectamini.

Apud Ægyptios, ubi primùm homo quilibet obierat, in
judicium adducebatur. Si publicus accusator probabat
pravam fuisse istius agendi rationem, ignominiâ afficie-
batur ejus memoria, nec ei sepulturam tribuebant ; sin
autem mortuus nullius convincebatur (1) delicti, hono-
rificè sepeliebatur. Intelligere est quantùm quisque exemplo permotus vereretur ne sibi suoque generi infamiam
inureret.

Ægyptiis regibus, dùm viverent, parcebatur ; at illi
mortui idem subibant judicium, quod ipsis subditi : affir-
mantque nonnullos Ægypti reges sepulturâ caruisse.

(1) D'après la règle : *Quem si arcessebam, abibat.*

THEMA QUARTUM

Jussit Sesostris genitor in regiam adduci omnes pueros, qui eodem quo ipsius filius die nàti sunt, et quantâ hunc, illos tantâ curâ institutos voluit. A teneris annis vitæ duræ ac labori deditæ assuefacti sunt. His cibus non apponebatur, nisi ingentem cursum, sive pedibus, sive equo, peregissent. Sesostris, postquàm adolevit, terrarum orbem subigendi iniit consilium; at priusquàm è suo regno excederet, omnium sibi subditorum benevolentiam, liberalitate, justitiâ necnon affabilitate sibi conciliandam curavit. Ejus exercitus, præter curruum ad bellum armatorum septem et viginti millia, peditum sexcentis equitumque viginti quatuor millibus constabat. Asiam incredibili perlustravit subegitque celeritate; atque Indiam longius quàm anteà Hercules et Bacchus, longiùs quàm posteà famosus Alexander, pervasit. Ex populis quos aggressus est Sesostris, alii suam libertatem fortiter defenderunt, alii neutiquam obstitêre. Per novem annos peragrato terrarum orbe, penè intrà priscos Ægypti fines sese continuit.

THEMA QUINTUM

Sesostris, quo florentius commercium, cibariorumque ex urbe in urbem deportationem magis expeditam efficeret, plurimos canales effodiendos curavit. Parùm abfuit quin princeps ille, sui fratris perfidiâ, Pelusii cum conjuge liberisque suis combureretur. Regnante, atque, ut probabile est, absente Sesostri, Busiris ad Nilum suam exercuit tyrannidem. Tyrannus iste, ob suam crudelitatem posteris exsecrandus, omnes hospites qui in Ægyptum appellebant, immisericorditer, ut aiunt, jugulabat. — Sesostris autem, cùm venirent reges, ut, tanquam tributarii, reverentiam ipsi adhiberent, illos quaternos pro equis (quæ istius erat barbaries !) ad suum currum jungi jubebat, in templum aut in urbem deducendus. Dicas istum regem, æquè ferocem ac inhumanum, cæterorum hominum instar mori sibi nimis ignominiosum habuisse. Senex oculis captus, necem, ut perhibent, sibi conscivit, postquàm tres super triginta annos regnavis-

set. Illi successit Phero. Hic indignè ferens quòd Nilus
extrà modum exundans regionem horridè depopularetur,
eò dementiæ venit, ut in fluvium, quasi castigandum,
jaculum immitteret.

THEMA SEXTUM

Nechao Nilum cum mari Rubro jungendum suscepe-
rat, quamvis saltem quinquaginta leucis invicem distarent. At centum vigintique hominum millibus isto labore
sublatis, ab incœpto desistere coactus est.

Amasis videns se ob. natalium ignobilitatem nullum
esse apud Ægyptios, hosce potiùs mansuetudine quàm
severitate ad officium revocandos censuit. Illi erat ex
auro pelvis, in quâ ipse et omnes qui mensæ ejus accum-
bebant, pedes solebant abluere. Hanc liquefactam converti jussit in statuam quam publicæ obtulit venerationi.
Toto pectore confluere (1) populi, ut recenti statuæ reverentiam adhiberent. Quibus convocatis rex narravit
quàm ignobili primùm fuisset usui ; antè illam nihilominùs religiosè sese prosternebant. Bellissimè cecidit istud
parabolæ, cujus in promptu erat accommodatio, et causa
fuit cur deinceps princeps ille maximâ cultus fuerit ob-
servantiâ. Amasis ipse quemlibet privatum coegit cujusque urbis magistratui aperire quonam de lucro viveret.

THEMA SEPTIMUM

Tyrii, ne exceptis quidem regibus, ut aliquid horrendæ
calamitatis averterent, suum ducebant suos diis immolare
liberos ; si deerant liberi, à pauperibus emebantur. Hos
infantes primùm inhumanè cremabant, sive illos in candentes carbones projiciendo, sive illos in succensam Saturni statuam includendo. Quos edebant miserandæ victimæ clamores extinguendi gratiâ, istum interitum barbarum tympanis tubisque personabatur. Quis credat ?
matres sibi gloriæ necnon religioni vertebant, siccis oculis nulloque edito gemitu, barbaro isti adesse spectaculo.
Si quid lacrymæ vel suspirii eis excidebat, eò minùs deo
gratum putabant esse sacrificium, hujusque fructum eva-

(1) Sous-entendu, *cœperunt.*

nescere. Eò constantiæ, vel, quò rectiùs dicam, eò du-
ritiei atque inhumanitatis procedebant, ut ipsæ suis
palparentur infantibus illosque deoscularentur ad inhi-
bendum eorum clamores, adeò metuebant ne hostia invitè
atque inter ploratus oblata Saturno neutiquam arrideret.
Deinceps, ut perhibent, satis habitum est per flammas infantes transmittere ; et plurimùm interibant.

THEMA OCTAVUM

Quantumvis barbarus esset mos iste diis humanas mac-
tandi victimas, ad hunc tamen Pœni usque ad urbis suæ
excidium se accommodaverunt. Si ab isto sacrificio, vel
potiùs ab isto sacrilegio aliquot per annos abstinuêre,
haud equidem facti horrore, sed metu ne in se derivarent
iram et arma Darii, Persarum regis, qui prohibuerat ne
diis humanas mactarent victimas, carnemque caninam
comederent. At minimè dubium est quin, mortuo Dario,
diis homines immolandi barbarum morem instauraverint.
Illud rei argumento est, quòd, regnante Xerxe, Darii suc-
cessore, Gelon Syracusarum tyrannus, relatâ de Pœnis
insigni victoriâ, his pacem non concesserit, nisi eâ lege
ut deinceps Saturno humanas victimas neutiquàm immo-
larent. Gelon autem istud non prohibuerat, nisi quia inter pugnam quæ à matutino tempore ad occasum dura-
verat, (*ou bien :* quæ per totam diem tenuerat), Amilcar,
Pœnorum dux, diis non desierat mactare homines vivos,
et quàm plurimos, quos in ardentem rogum jubebat projici. Narrant insuper ducem istum profligatas videntem
suas copias, haud dubitavisse medias in flammas sese
immittere. Id facti memorans divus Ambrosius monet
suo istum sanguine, ignem sacrilegum quem sibi nihil
profuisse videbat extinctum voluisse.

THEMA NONUM

Ferunt Pœnos pestilentiæ temporibus diis suis ingentem
infantium numerum immolavisse, planè immisericordes
ergà ætatem, quæ sævissimorum hostium movet misericordiam. Ità crimine suis malis medebantur, ità ad com-
movendos deos barbariem adhibebant. Istius crudelitatis
sanè fremendum tradunt exemplum. Cùm Agathocles in

eo esset ut Carthaginem obsideret, cives in summas adducti angustias, suam calamitatem soli Saturni adversùs ipsos furori assignaverunt, quia pro nobilissimi generis infantibus, ut fieri solebat, servorum alienigenarum infantes fraudulenter substituere ausi fuerant. Culpam hanc eluendam arbitrati sunt; ideòque ducentos infantes è nobilissimis Carthaginis familiis Saturno mactare sustinuerunt (*ou bien :* non perhorruerunt); atque in cæcitatis et crudelitatis cumulum, plus trecenti cives falsi istius criminis sibi conscii, ultrò nec dubitanter sese tanquam victimas obtulêre. Stabat, ut perhibent, quoddam ex ære Saturni signum, cujus manus ad terram vergebant, adeò ut infans istis traditus manibus in fornacem ignitam repentè decideret.

THEMA DECIMUM

Plutarchus, licet falsorum cultor numinum, non poterat quin exclamaret : Siccine coluntur dii? Hisne plurimum præstat honorem, qui illos cædis avidos humanique sitientes sanguinis exhibet? Nonne illis insultat, qui sibi animo fingit illos posse istiusmodi victimas postulare, atque eis delectari? Gigantes, diis palam adversarii, si cœlum expugnavissent, potuissentne magis abominanda in terris instituere sacrificia? Hoc sentiebat auctor ethnicus de cultu Carthaginiensi qualem modò descripsimus. Nobis vero christianis nihil dubii est quin hominibus suggesta sint istius modi sacrificia à dæmone ab initio homicidà, quique solà illorum dignitatis spoliatione, miseriâ ac pernicie delectatur.

Cùm quispiam circulator Carthaginis civibus promisisset se illis omnibus ipsorum intimos sensus revelaturum esse, si venirent ipsum audituri, omnes die dictâ confluxerunt. Cunctis congregatis dixit illos omnes, cùm venderent, habere in animo quàm maximo poterant pretio vendere, cùm autem emerent, emere quàm minimo. Omnes, ne uno quidem excepto, ridere et fateri illum verum dixisse.

THEMA UNDECIMUM

Carthagine, imperatori qui à prælio victus discedebat timendi erat locus, ne redux in crucem tolleretur, adeò duræ ac barbaræ indolis erant urbis istius cives, adeò prompti semper erant ad civium non secùs ac exterorum effundendum sanguinem. Inaudita supplicia quibus ab eis tortus est Regulus, cujus agendi ratio digna erat, quam vel ipsius hostes mirarentur, argumento sunt quàm pronus ad crudelitatem iste foret populus.

Romam redeunti Varroni, cujus vitio ad Cannas profligatæ erant copiæ, obviam itum est, illique gratias egerunt quod de republicâ non desperavisset, nedùm querelas effunderent. Quàm longè aliter actum esset Carthagine! Non est dubitandi locus quin Carthaginiensis imperator pœnas capite expensurus fuisset.

Die quâdam rogavit Cleon, ut ob sacrum offerendum, necnon amicos apparatis epulis excipiendos, cui præerat concilium dirimeretur. Quid Atheniensis populus? Riserunt atque surrexerunt; Carthagine autem, ait Plutarchus, haud dubiè exitio fuisset istius modi licentia.

THEMA DUODECIMUM

Haud præcisè constat quonam tempore et quo pacto Pœni Sardiniam occupaverint. Hæc illis summo fuit subsidio, illisque inter omnia ipsorum bella cibariorum abundantiam suppeditavit. Feracissima erat pars australis. Pœnis advenientibus, indigenæ in montes septentrionem versùs ferè inaccessos sese recepêre, atque indè trudi non potuerunt. Baleares insulas mox Pœni occupavêre. Ex istis insulis solertissimos orbis arcessebant funditores, qui tum in præliis tum in obsidendis urbibus, egregiam illis navabant operam. Lapides unam ponderis libram exsuperantes, imò nonnunquàm glandes plumbeas intorquebant vi tantâ tantoque impetu, ut galeas, clypeos loricasque validissimas perrumperent, simulque tantâ solertiâ, ut locum destinatum ferè semper attingerent. Insularum Balearium cultores ab infantiâ torquendæ fundæ assuefiebant; et quò solertiores evaderent, matres ad celsum arboris ramum appendebant panis frustum, quod ipsarum filiis futurum erat jentaculo, adeò ut starent jejuni, donec illud excussissent.

THEMA DECIMUM TERTIUM

Cum Pœni totam Siciliam occupare statuissent, Amilcar dux suæ ætatis plurimi æstimatus, Carthagine profectus est, cum terrestri trecentorum millium hominum exercitu, et classe duorum millium navium, præter plus tria onerariarum navicularum millia. Obsidione urbem Himerum cinxit. Thero, urbi præfectus, angustissimè coactum se videns, Syracusas properanter admodùm legavit ad Gelonem qui id urbis expugnaverat. Hicce extemplò in auxilium ejus advolavit, cum quinquaginta millibus peditum equitumque quinque millibus. Cujus adventu confirmatiores effecti, necnon ad spem erecti obsessi, jam tunc acriter admodùm vim vi repulêre. Erat Gelon militiæ præsertimque stratagematum peritissimus. Ad eum adduxerunt nuntium, qui à Selinunti incolis Amilcari litteras erat traditurus, ut certior fieret quam postulaverat turmam equitum die dictâ esse adventuram. Gelon è suis totidem elegit, quos ferè pacto tempore jussit proficisci. In castra admissi, nihil quidem suspicantibus hostibus, in Amilcarem irruerunt; quo trucidato, naves incenderunt.

THEMA DECIMUM QUARTUM

Nec mora, Gelon omnes suas copias in Pœnos jussit irruere. Hi licèt ex improviso lacessiti, primùm tamen quàm maximâ poterant fortitudine sese defenderunt. Ubi verò modò interfectum fuisse suum imperatorem cognovêre, suamque classem ardentem vidêre, simul viribus animoque destituti, in fugam se dare cœperunt. Tàm horrenda fuit strages, ut ceciderint plus centum quinquaginta hominum millia. Cæteri, cùm in locum omnibus rebus vacuum et nudum se recepissent, vim vi repellere haud diù potuerunt, nec dubitaverunt se suaque omnia victori permittere. Id prælii eo ipso die commissum est, quo trecenti Spartani cum Xerxe propè Thermopilas congressi, sui prodigi sanguinis impediverunt ne iste in Græciam penetraret.

Cùm de totius exercitûs clade, eheu! auditum est Carthagine, tanto pavore territi sunt oppidani, ut hostem

jam adesse existimaverint : properanter admodùm ad
Gelonem legaverunt, ut quàlibet conditione pacem ab illo
peterent. Timendi illis erat locus, ne iste, adeò cumulatâ
relatâ victoriâ, ipsis haud benignè auscultaret. Ea verò
victoria, quantumvis insignis esset, ejus modestiæ, ejusque vel ergà hostes humanitati incremento fuerat, nedùm
illum ferocem asperumque efficeret. Idcircò pacem ab eo
haud ægrè impetraverunt.

THEMA DECIMUM QUINTUM

Pœni, Gelonis ergà se benignitatem neutiquam imi-
tantes, suam nobilitârunt crudelitatem, in exilium projiciendo Gisgonem, Amilcaris filium, ut, pro detestabili suo
more, à filio, ob rem à patre malè gestam, pœnas repe-
terent. Gelonem verò Syracusani regem unâ mente re-
nuntiaverunt, illumque virum de se benè meritum, suumque liberatorem, nedùm tyrannum patriæ suæ libertatis
oppressorem habuerunt.

Imilco, dux Carthaginiensis, omnium ferè Siciliæ urbium potitus, se urbem Syracusas expugnaturum esse
existimabat, cùm lues exercitum ejus horrendum in modum depopulata est. Animo concidit, quòd superatus esset
à Dionysio, qui ipsius milites peste jam ferè victos adortus, haud ægrè illos profligavit, Reversus Carthaginem,
quàm gravissimâ oppressam ægritudine, in domum
suam ingressus est, ne suis quidem eò admissis liberis,
sibique mortem ipse conscivit.

Lues, per urbem Carthaginem disseminata, hanc horridè pervastavit. Lue affecti phrenetico impetu repentè
corripiebantur, suisque domibus, manibus armatis, foras
se proripientes, perindè ac si hostis urbem occupavisset,
quemlibet obvium trucidabant aut sauciabant.

THEMA DECIMUM SEXTUM

Ferunt Hannonem qui quantâ quilibet alius civis Carthagine valebat gratiâ, totius senatûs de medio tollendi
detestandum inivisse consilium, quò faciliùs reipublicæ
potiretur. Ad patrandum crudele cogitatum, ipsum suæ
filiæ nuptiarum diem constituit, quo senatoribus in suâ
domo cœnam appositurus, hos veneno necare facilè po-

terat. Re patefactâ, istiusmodi scelus, quantumvis horrendum esset, animadvertere non sustinuerunt, tantâ
reus valebat gratiâ : isti occurrere istudque detorquere
satis habuerunt, nempè decreto quo omnibus civibus ni-
miâ nuptiarum magnificentiâ interdicebatur. Hanno adeò
non destitit, cùm vidit astum improsperè cessisse, ut vi
apertâ rem aggredi decreverit, omnes servos armis ins-
truendo. Quantumcumquè præcavisset, istius tamen nu-
datum est consilium. Tunc persuasum habens se pœnas
daturum, si maneret Carthagine, cum servorum armatorum viginti millibus in arcem quàm munitissimam se
recepit, indèque elaboravit ut in suam rebellionem Afri-
canos Maurorumque regem traheret : at nequicquam
conatus est.

THEMA DECIMUM SEPTIMUM

Hanno apprehensus Carthaginem abductus est. Virgis
cæso effossi sunt oculi, fracta sunt brachia et femora; et
postquàm in populi conspectu trucidatus fuisset, corpus
ejus vulneribus laceratum in crucem sublatum est. Filii
ejus omnesque ei propinquitate conjuncti, quamvis sceleris neutiquàm conscii, supplicii participes fuerunt. Licèt
insontes, omnes capite sunt damnati, ne quispiam ex
istius genere scelus imitaretur, aut mortem ejus ulcisci
attentaret. Ista erat Pœnorum indoles, qui, quod ad
supplicia attinebat, nimiam prorsùs adhibebant severitatem, æquitatem moderationemque minimè respicien-
tes, neque attendentes utrùm animadversi sontes essent
necne.

Timoleontem haud fugiebat fortitudinem prudentiam-
que numero præstare ; quapropter, quamvis ipsum comi-
tarentur tantùm circiter sex millia hominum, quibus
animo destinatum erat mori potiùs quàm cedere, quique
in hostes ardebant progredi, haud dubitavit congredi
cum Pœnis, quorum exercitus hominum septuaginta millium numerum superabat; illudque mirandum debet videri, quòd retulerit victoriam, plus decem millia hominum occiderit, plurimos duxerit captivos, hostiumque
castra immanibus opibus referta occupaverit.

THEMA DECIMUM OCTAVUM

Agathocles, infimo loco natus, postquàm Syracusis summam potestatem, Carthaginiensium ope, invasisset, unus inter ipsorum hostes infestissimos factus est. Illud planè mirum videtur, quòd Syracusis inclusus, atque impar obsessæ urbi tuendæ, quandoquidem omnes fœderati ob istius inauditam crudelitatem ab eo desciverant, obsidendæ Carthaginis consilium inierit, quod quidem consilium adeò audax ultràque vires videbatur, ut vel patratum vix non videatur fidem excedere. Cùm in Africam appulisset, ipse suam navem incendit, jussitque suos milites totam classem inflammare, ut ipsis omne perfugium in victoriâ poneretur. Amilcari Syracusanos noctu adorto accidit ut vivus deveniret in manus hostium qui illum extremo affecêre supplicio. Caput ejus illicò missum est ad Agathoclem, qui ad Pœnorum castra appropinquavit, ipsis istius ducis caput monstraturus. Agathocles posteà non veritus est suum exercitum deserere, ut malis sibi imminentibus fugâ sese subtraheret, parùm curans quid de suis filiis duobus fieret. Quos milites istius, cùm se proditos viderent, immisericorditer jugulaverunt. Ipse verò mox nece crudeli, vitæ sceleribus inquinatæ finem fecit.

THEMA DECIMUM NONUM

Pœni ægerrimè ferentes terras suas à Regulo impunè vastari, ex hibernaculis tandem suas eduxerunt copias. Cùm collem Romanorum castris imminentem occupavissent, illos Regulus adortus est; Pœnos molliter reluctantes haud ægrè profligavit. Illorum castra deprædatus, loca quæque finitima depopulatus est, Tunetumque haud procul Carthagine castra transtulit. Hostes quàm cùm maximè perterriti sunt : cuncta illis hactenùs improsperè cesserant. Tum terrâ tum mari fusi fuerant. Victori plus ducenta oppida fecerant deditionem. Numidæ etiam majorem quàm Romani agris inferebant vastitatem. Singulis momentis sibi animo fingebant se in urbe principe obsessum iri. Eò crevit trepidatio, quòd ruricolæ in urbem undique convolarent cum uxoribus ac liberis suis, rati se

ibi tutiores fore, adeò ut timendi locus esset, ne urbs,
hanc si hostis obsideret, fame enecaretur. Regulus, timens ne successor præclarè gestorum gloriam sibi præ-
riperet, negotium dedit ut pax victis proponeretur ; quibus adeò duræ visæ sunt conditiones, ut istis assentiri
nequiverint.

THEMA VIGESIMUM

Cùm Regulus minimè dubitaret quin Carthagine mox
esset potiturus, Pœnos ferociter habuit dicens, quasi eis
insultandi gratiâ : « Vincere, aut victori parere discite. »
Istiusmodi à Regulo ferocitas tantam illis movit indignationem, ut statuerint armatis cadere manibus, potiusquàm
dignitate Carthaginiensi indignum quidpiam patrare. His
ità in summas adductis angustias, è Græciâ quàm oppor-
tunissimè advenerunt auxiliares copiæ, quibus præerat
Xantippus Lacedæmonius. Dux ille absque controversiâ
dignus est qui inter solertissimos imperatores, qui unquàm exstiterint, annumeretur. Multo rogatu quasi coactus est Xantippus exercitûs imperium accipere. Copiis
vix præfuit, cùm mœstissimum pavorem excepit ferven-
tissima alacritas. Nihil longius erat militibus quàm ut
cum hoste manus consererent, adeò sperabant se novo
sub illo duce victoriam relaturos esse, suâque fortitudine
præteritarum cladium ignominiam deleturos.

THEMA VIGESIMUM PRIMUM

Reipsa, commisso prælio, Romani undique fusi et planè
profligati sunt. Quippè alii immani elephantorum obtriti
sunt pondere ; alii, servatis ordinibus, equitum telis confossi. Duo tantùm millia stragi superfuerunt. Denique
quingenti, è quibus Regulus, capti fuêre. Pœni, spoliatis
mortuis, Carthaginem ovantes ingressi sunt, sequentibus
Romanorum duce quingentisque captivis. Eò majori per-
fusi sunt gaudio, quòd antè paucos dies ruina ipsis im-
penderat. Cui suam felicitatem præcipuè debebant Xantippo, is adeò prudens fuit, ut mox se subduxerit ex
oculis, ne ob præclarè gesta invidiæ et calumniæ pateret,
ipsi eò magis formidandis, quòd solus, absque cognatis

et amicis, omnique destitutus auxilio, in regione alienâ versabatur.

Regulus, ut Scipioni Annibal dicebat, fortitudinis ac felicitatis egregium valdè stetisset exemplum, si, victis Pœnis, quam ab ipso petebant pacem concessisset.

THEMA VIGESIMUM SECUNDUM

Quantum Regulum pœnitere debuit, quòd in Pœnos inexorabilis fuerat, quandoquidem arbitratus se illorum urbis principis potiturum esse, in manus eorum devenit ! Dux ille, quia ambitionem suam non frenaverat, eò turpiùs corruit quò celsiùs ascenderat. In tenebricoso carcere diù detentus est; undè eum, resectis illi palpebris, repentè educebant, quem ad solem ardentissimum obverterent; quasi verò haud satis crudele fuisset istud supplicii, eò barbariei venerunt, ut eum includerent in quamdam arcam horrentem clavis, qui neque diu neque noctu hunc sinebant quiescere. Tandem illum crudeli insomniâ diù excruciatum Pœni in crucem sustulerunt ut ibi expiraret. Hic fuit exitus Reguli, sanè digni qui inter clarissimos Romanos annumeretur, præsertim si attendas per illum unum stetisse, quominùs tàm horrendis se subtraheret suppliciis, nempè si captivos redimendos annuisset.

THEMA VIGESIMUM TERTIUM

Quam Adherbal de consule Claudio Pulchro retulit victoriam, ea illi, ob ipsius prudentiam atque fortitudinem, eò majori fuit gloriæ, quòd hunc affecit ignominiâ, utpotè qui, nonaginta tribus navibus hosti permissis, cum triginta ignavè fugisset. — Hanno de Annibale dicebat se vereri ne ista scintilla ignem jam concipiens ingens olim gigneret incendium. — Cùm Saguntini ab Annibale obsessi summis urgerentur angustiis, aurum argentumque suum in forum delatum primores senatores, in ignem ipsorum jussu accensum projecerunt, eòque sese dederunt præcipites. — Cùm turris crebro ariete diù pulsata, horrifico fragore repentè corruisset, Saguntum ingressi Carthaginienses, cunctos militiæ maturos trucidaverunt. Quamvis urbs deflagravisset, ingens admodùm fuit præda.

— Cùm Annibal in Italiam iturus Rhodanum trajecit, in aquam lapsi sunt nonnulli elephantes ; illi tamen, veluti cæteri, ripam attigerunt, nec unus quidem aquis submersus est.

THEMA VIGESIMUM QUARTUM

Scipio Massiliam appellens eò magis stupens certior factus est Annibalem in eo esse ut Rhodanum trajiceret, quòd Româ proficiscens existimaverat se illi in Hispaniâ esse occursurum. Annibalem igitur assequendi spe ablatâ, ad classem suam rediit, iterùmque conscendit navem, ut ei ab Alpibus descendenti posset occurrere.— Galli qui de more in casas suas ineunte nocte sese receperant, in summâ montium benè manè reversi, stationes suas à Pœnis occupatas valdè attoniti viderunt. — Annibal, veritus ne suæ vitæ insidiarentur quos subegerat Italiæ populi, galericulos variique generis vestes jussit confici. Aliam aliâ die vestem sibi induebat, adeòque frequenter sese mentiebatur, ut sui eum amici vix agnoscerent. — Ante pugnam ad Trasimenum lacum, Annibalis exercitus paludem trajiciens, per tres dies noctesque planè insomnes aquam pedibus agitavit. Ibi Annibal uno oculo orbatus est. — Consul Flaminius suos milites quos Pœni ex improviso adorti fuerant, frustrà manu et voce adhortatus est ; horrisoni horumce clamores, coortaque densa nubecula, ne videretur audireturve impedimento erant.

THEMA VIGESIMUM QUINTUM

Romanos inter et Pœnos prope Trasimenum lacum adeò atrociter pugnatum est, ut terræ quassationem, quæ nonnullas in istis regionibus urbes evertit funditùs, nemo senserit. — Cùm à quodam Insubri Gallo consul Flaminius occisus fuisset, fugere cœperunt Romani ; multique in Trasimenum lacum sese dedêre præcipites. — Existimabat Fabius Annibalem in angustias adductum è suis manibus haud evasurum esse ; at callidus Pœnus, sarmentorum fasciculos bis mille boum capitibus alligando, è periculo sese expedivit. — Ea erat Varronis temeritas, ut Româ proficiscens non dubitavisset palàm dicere, se primâ die quâ hostem obvium haberet, signa collaturum

esse, finemque bello facturum, — Annibalis exercitus,
maximos perpessus labores, aditisque interrito animo
horrendis admodùm periculis, Capuæ deliciis elanguit,
Istis sese eò avidiùs ingurgitavit, quòd non erat assuetus.
— in eo erant Pœni Romanique ut pro Româ consererent
manus, cùm vehemens tempestas impedivit ne decerta-
rent, et singulos coegit abscedere. Ferunt idem sæpiùs
deinceps accidisse.

Quod Scipionem inter et Annibalem commissum est
postremum prælium, id eò majoris erat momenti, quòd
in eo vertebatur utrùm Carthago an Roma gentibus legem esset dictura. — Annibal cernens Pœnos, post pugnam acerrimam, in fugam versos fuisse, properanter
admodùm Carthaginem advolavit; quò ingressus, se
funditùs victum fassus est, pacemque quâlibet conditione
postulandam. — Fateri non dubitavit Scipio Annibalem,
licèt victum, à se ipso in pugnâ juxtà Carthaginem commissâ superatum fuisse, illumque extulit laudibus. Cùm
surrexisset Gisgo ut Pœnis dissuaderet ne ad conditiones
à Scipione dictas accederent, quandoquidem istæ intole-
randæ ac ipsis turpes erant, illum Annibal bracchio apprehensum e sede dejecit. — Cùm cogenda fuit pecuniæ
summa Romanis debita, multi senatores non potuerunt
lacrymas cohibere, adeò belli sumptibus exhaustum erat
ærarium; Annibalem autem aiunt risisse; non quòd patriæ gauderet calamitate, sed quòd vix suæ mentis còm-
pos esset, commotusque præ cæteris.

Asdrubal, Hædus cognomine, Annibali palàm adver-
sarius in Romano senatu ausus est dicere, si suis Hanno-
nisque consiliis paruissent Pœni, hos ipsos Romanis
quam ab eis coacti petebant pacem daturos fuisse. —
Confessus est Annibal, si sibi contigisset ut vinceret Scipionem, antè omnes duces, ne exceptis quidem Pyrrho
et Alexandro, semet fuisse positurum. — Annibal, postquàm Cretensibus callidè illusisset, illis credendo am-
phoras liquato plumbo completas, quas summas auro

argentoque operuerat, ex eorum insulâ evasit, secum
portans suas omnes fortunas cavatis ex ære statuis in-
clusas, atque ad Prusiam, Bithyniæ regem, se contulit. —
Romani ergà Annibalem longè alio modo quàm ergà
Pyrrhum se gesserunt. Ad prodendum priorem, licèt
hospitio exceptum, regem Prusiam impulerunt; Pyrrhum verò cum ipsis mediâ in Italiâ bellum gerentem
magnanimi admonuerant, ut caveret à medico, qui ipsum
veneno necatum volebat. — Romanos inter et Pœnos de-
cretâ pace, Scipio, mitis licèt indolis, socios latini nu
minis obtruncari jussit, suspendique Romanos cives tanquàm transfugas sibi restitutos.

THEMA VIGESIMUM OCTAVUM

Tito Livio si fidem adhibemus, Annibal, quàm qui
maximè, inhumanus erat ac perfidus. Nobis autem ani-
madvertendum est Romanum de Pœno populi Romani
aperto hoste sermonem facere. — Annibali, cùm ipsi deessent cibaria, priusquàm in Italiam pedem inferret, caro
humana proposita est. Istud autem inhumanitatis abhorruit, nedùm probaret. Posteà, nonnullis licèt hortan-
tibus, non commisit ut sæviret in Sempronii Gracchi
corpus, sibi à Magone missum : imò illi, in totius sui
exercitûs conspectu, suprema solvenda curavit. — Illud
Annibalem commendat, quòd tot inter gentes ex quibus
constabat ejus exercitus, quamvis deessent argentum et
cibaria, in castris ejus aut adversùs ullum è ducibus nulla
unquàm orta est seditio ; adeò animos regendi erat peritus. — Illud ego sat mirari nequeo, quòd Annibal ad
plurimas captivas mulieres maximam semper adhibuerit
reverentiam, adeò ut illum in Africâ, ubi ignorabatur
pudor, vix natum crederes. — Syphax et Masinissa in
Numidiâ ambo regnabant : prior, Romanorum partes
amplexus, in Pœnorum partes postea transiit. Posterior,
Carthaginiensium partes primùm secutus, Romanis in-
violatè devinctus semper permansit.

THEMA VIGESIMUM NONUM

Asdrubal, ut à Scipione Romanisque Carthaginem obsidentibus vindictam repeteret, quoslibet captivos Roma-

nos horrendum in modum cruciari jussit. His fodiebant
oculos ; nasum, aures, digitos præcidebant ; pellem ha-
mis abripiebant ferreis ; sicque cruciatos, ab altis mœnibus deorsùm dabant præcipites. Carthaginienses, Romanis licèt infensissimi, perhorrescebant. Ipsis autem
Asdrubal neutiquam parcebat ; atque ex senatoribus
multos adeò fortes ut istius tyrannidi adversarentur jussit
jugulari. — Cùm Carthaginem obsedit Scipio, sex dies
cum strage horribili pugnatum est. Vicos deplendi gratiâ, quò expeditiùs moverentur copiæ, civium occisorum
aut ab altis ædibus dejectorum corpora uncis trahebantur, atque in foveas pleraque viventia ac palpitantia
immittebantur. Sex dies noctesque totidem pervigilavit
Scipio, ubique jussa dispertiens, vixque ad aliquid cibi
sumendum sibi largiens spatium. Tandem die septimâ in
conspectum venerunt viri supplice amicti vestitu, hoc
unum orantes ut Romanis placeret, vitam omnibus qui
arce egrederentur, relinquere ; quod eis, exceptis transfugis, concessum est.

THEMA TRIGESIMUM

Transfugæ, qui ferè nongenti erant, nihil spei sibi
superesse cernentes, optimum factu duxerunt sese cum
Asdrubale, uxore, duobusque liberis ejus, in Æsculapii
templo munitionibus tueri. Quantuluscunque ipsorum
esset numerus, sperabant se ibi vim vi eò diutiùs repul-
suros esse, quòd editus esset locus, in rupibus positus,
eòque sexaginta gradibus foret scandendum. Tandem
verò ursi fame, vigiliis et pavore, de se actum esse intelligentes, patientiam abruperunt, templique infimâ
parte relictâ, in supremum tabulatum se contulêre,
animo fixum habentes id loci nisi mortuos non deserere.
Asdrubal tamen, ut necem sibi imminentem effugeret.
insciis omnibus, ad Scipionem illapsus est, oleæ ramum
manu gerens, seque ad pedes ejus abjecit, ut miserationem illius imploraret, quâ eò magis erat indignus, quòd
captivos Romanos atrocissimè habuerat. Nec mora, istum
Scipio transfugis ostendit. Furore ac rabie stimulati, plurimis adversùs Asdrubalem jactis contumeliis, ignem
templo injecerunt.

THEMA TRIGESIMUM PRIMUM

Dum ignem succenderent, narrant Asdrubalis conjugem, quàm mundissimè potuit corpus compsisse, seque
cùm duobus liberis suis Scipioni conspiciendam præbentem, hunc ità altà voce fuisse allocutam : « Haud tibi,
« Romane vir, mala precor, quandoquidem solummodò
« belli jure uteris. Utinam autem perfidus iste dignas
« persolvat pœnas, utpotè qui deos suos, suam patriam,
« conjugem suam suosque liberos prodiderit ! » Dein Asdrubalem compellans : « O sceleste ! ait ; ô perfide ! ô
« hominum ignavissime ! hicce ignis me meosque liberos
« mox absorbebit ; tu verò, indigne dux Carthaginis, abi
« tui victoris ornaturus triumphum, et in Romæ cons-
« pectu quà dignus es pœnam soluturus. » Suos post
hæc jugulatos liberos projecit in ignem, quò dein se
ipsa dedit præcipitem. Transfugæ omnes, ne uno quidem
excepto, item fecerunt.

Scipio autem, videns urbem Carthaginem per septin-
gentos annos adeò florentem, paulò antè mari terrâque
adeò potentem, tum suis classibus exercitibusque nume-
rosis, tùm suis elephantis atque opibus, videns, inquam,
hanc urbem funditùs eversam, non potuit, ut perhibent,
quin lacrymas funderet.

THEMA TRIGESIMUM SECUNDUM

In prælio quod cum Babyloniis eorumque sociis commisit Cyrus, princeps ille penè occisus est. Cùm enim
equus ejus à milite subter ventrem confossus, corruisset,
medios in hostes ipse incidit. Tunc videre fuit, ut animadvertit Xenophon, quanti imperatoris referat, ut suarum copiarum benevolentiam sibi conciliet. Præfecti
militesque, duci suo, nequaquam verò sibi, trepidantes,
non dubitaverunt in hastarum imbrem ruere, ut eum
expedirent. Statim ut Cyrus in equum rursùs insiliit,
atrocius quàm antè dimicatum est, adeò Ægyptii appetiti
undique, atque in orbem voluti, acri animo se defende-
bant. Tandem Cyrus, cùm eorum fortitudinem non posset non mirari, et ægrè ferret perire tàm strenuos viros,
his honorificas conditiones offerri jussit, eos admonens
omnes ipsorum abscessisse socios. Quas illi accipere non

dubitaverunt : cùm autem haud minùs de fide quàm de
animo gloriarentur, stipulati sunt, armis se non accinctum iri adversùs Crœsum, cui auxilio vocati venerant.
Ab illo tempore, in Persarum copiis fide intemeratâ mi-
litiam coluerunt. Victi autem quàm maximâ potuere diligentiâ, alii in aliam regionem fugerunt.

THEMA TRIGESIMUM TERTIUM

Die quâdam Cyrum admonuit Crœsus ipsum multis
largitionibus ad inopiam redactum iri, potuisse verò fieri
ditissimum orbis principem, immensosque thesauros con-
gerere. Ab eo quæsivit Cyrus, quamnam pecuniæ summam thesauri isti, ipso judice, attingere potuissent. Crœsus ingentem, ne dicam, immensam summam statuit.
Cyrus statim suis aulicis scribi jussit epistolium, quo
illos certiores faceret sibi opus esse pecuniâ. Nec mora,
ad eum pondus ingens allatum est, quod statutam à
Crœso summam, quantumvis immensam, multò superabat. Hi sunt, tunc dixit Cyrus Crœso qui vix suis cre-
debat oculis, hi sunt mei thesauri, eæ sunt arcæ quibus
meas opes servo, nempè mihi subditorum animus et
benevolentia.

Videas adolescentes omnia senectutis incommoda sen-
tientes, quod intemperantiæ sese dederint; contrà verò
Cyrus, cùm frugaliter admodùm semper vixisset, ad
ætatem valdè provectam totam juventutis viriditatem
servavit. Princeps ille dùm viveret, non solùm à Persis,
verùm etiam à subactis gentibus tantùm amatus est tan-
tique factus, ut mortuus, tanquam omnium populorum
communis pater universè fuerit desideratus.

THEMA TRIGESIMUM QUARTUM

Cambysi, Cyri filio, ut in Ægyptum bellum inferret,
permeanda fuit deserta regio : rex Arabs ejus exercitui
aquam suppeditavit, quam dorso vehebant cameli. Ægyptum pervadere haud poterat, quin occuparet Pelusium ;
illud autem oppidi adeò munitum erat, ut ei longam mo-
ram fuisset illaturum, ni ad stratagema confugisset. Haud
illum fugiebat Ægyptios ibi præsidium agitare. Cùm igitur oppugnatum vellet oppidum, quàm plurimis felibus,

canibus, ovibus, animalibusque aliis quæ sacra habebant
Ægyptii, primum ordinem intermiscuit. Itaque cùm nullum jaculum vibrare auderent milites, ne ullum ex istis
animantibus perfoderent, oppidum Cambyses haud ægrè
occupavit.

Rex Ægyptius ingenti cum exercitu processit, qui
Cambysis obstaret progressibus. Priusquàm manus consererent, Græci qui Ægyptiis stipendiabantur, ut à Phane
rebellante Cambysisque partes amplexo pœnas repete-
rent, istius liberos in Ægypto derelictos jugulaverunt,
atque in conspectu amborum exercituum horumce bibe-
runt sanguinem. Istud horrendæ crudelitatis, Ægyptiis
adeò non attulit victoriam, ut contrà exasperati Persæ in
eos tanto ruerint furore, ut mox totum profligaverint
Ægyptium exercitum, majoremque partem trucidaverint.

THEMA TRIGESIMUM QUINTUM

Cambyses Memphin misit caduceatorem qui civibus
denuntiaret ut ad deditionem venirent. At populus furore percitus in hunc caduceatorem irruens, illum simulque omnes ejus comites discerpsit. Cambyses, oppidi
mox potitus, in istius horrendi sceleris pœnam jussit
ultimo palàm affici supplicio, decies tot Ægyptios nobilissimi generis, quot homines trucidati fuerant. Nec ipsi
regis filio natu maximo parcitum est. Regi verò Cambyses non tantùm vitam dedit, sed·ei cultum adscripsit
splendidum. Rex autem Ægyptius, hujusmodi benigni-
tatis immemor, ad recuperandum regnum cœpit turbas
rursùm concire. Quapropter taurinum jussus est potare
sanguinem, extemploque interiit.

Quam in cadaver Amasis, Ægyptiorum regis, Cambyses exercuit rabiem, ista probat quanto illum principem odio haberet. Corpus ejus è tumulo extractum,
omnique inquinatum contumeliâ, cremandum jussit in
ignem projici : quod non minùs Persarum quàm Ægyptiorum moribus repugnabat.

THEMA TRIGESIMUM SEXTUM

Cùm Cambyses, nullâ prorsùs re paratâ, adversùs
Æthiopes furibundi instar procederet, mox exercitus ejus

sævâ fame excruciatus est. Quivis alius relegisset vestigia ; at princeps ille veritus ne dedecus admitteret, ab incœpto desistendo, non commisit ut retrograderetur. Herbis, radicibus, arborumque foliis primò vescendum fuit. Deindè coacti sunt jumenta mandere, adeò sterilis erat regio. Tandem eò horrendæ miseriæ devenerunt milites, ut se invicem comederent. Namque decimatus fuit exercitus, et qui sorte lecti fuerant, cibo suis erant sociis. Qui cibus, ut ait Seneca, sævissimâ fame multo erat tristior. Rex nihilominùs in consilio, vel, quò rectiùs dicam, in furore suo perstitit, neque ei oculos aperiebat copiarum exitium; sed tandem jam sibimet metuens, retroire milites jussit. Istiusmodi inter penuriam, quis credat? nihil decreverunt principis escæ molliculæ, totumque splendidæ mensæ apparatum vehebant cameli. Exercitum suum, majori ex parte expeditione sublatum, Thebas reportavit. Huic principi prosperius cecidit bellum in deos hominibus victu faciliores. Priùs direptis eorum delubris ignem jussit injici.

THEMA TRIGESIMUM SEPTIMUM

Die quâdam Cambyses catellum leonisque catulum inter se pugnantes haud invitus aspiciebat. Priorem, cùm esset inferior, canis alter, ipsius frater, adjuvit, illique attulit victoriam. Quæ res mirum in modum Cambysem oblectavit; haud item de Meroe, illius sorore simul et conjuge. Hæc non potuit non lacrymari, nedùm aliquid gaudii significaret. De causâ à Cambyse interrogata, confessa est isto prælio sibi refrictam fuisse memoriam sui fratris Smerdis cui quod illi catello minimè contigerat. Extemplò princeps iste, tàm ferus quàm qui maximè, sororis suæ, licèt prægnantis, ventrem calce obtrivit, quo illa interiit. Iste fuit adeò abominandi matrimonii exitus.

Cambysis frater solus inter Persas arcum ex Æthiopiâ allatum tendere poterat ; indè rex tantâ morsus est invidiâ, ut suum fratrem in Persiam reverti jusserit, atque posteà ex somnio suspicatus hunc regnum affectare, inter consiliorum suorum arbitros unum misit, qui eum trucidaret : quod patratum est. A Cyro patre suo quantùm mutatus Cambyses! ille tàm mitis affabilisque fuerat, quàm hic crudelis ferusque exstitit.

THEMA TRIGESIMUM OCTAVUM

Cum Cambysem Crœsus admonere sustinuisset, quantam indignationem omnibus moveret illius indigna agendi ratio : quantique ipsius referret, ne in se sibi subditorum incenderet odia, Cambyses illum neci dedi jubere non dubitavit. Qui istud mandati habuere, prævidentes fore ut illum brevi pœniteret, exsecutionem promoverunt. Reipsâ aliquantò post, tùm Crœsum Cambyses desideraret, sui ei dixerunt illum adhuc vivere. Quantâcunque lætitiâ id nuntii illum afficeret, capite tamen damnavit eos qui ei pepercerant, quòd ipsius jussa non perfecissent.

Si Herodoto adhibenda est fides, adeò duræ erant Ægyptiorum calvæ, ut vix saxorum ictibus obteri possent ; Persarum contrà adeò molles, ut perfacilè foderentur : priores nempè, ab annis teneris, nudo tonsoque ibant capite ; posteriores contrà caput tiarâ constanter operiebant.

Cùm in foveam olim incidisset Thales philosophus, dùm astra contemplaretur : « Quî, ait illi quædam anus, quod « in cœlo est tuoque capite multò superius posses cer- « nere, qui quod tuos ad pedes, tibique valdè proximum « est non aspicis ? »

THEMA TRIGESIMUM NONUM

Otanes per Phedimam filiam suam certior factus Smerdi aures non esse, in regni ereptorem illicò conspirationem conflavit cum sex Persis clarissimis, è quorum numero erat Darius, qui posteà regnavit. Dùm hi deliberarent, magi Smerdis fautores, inopinato casu mirum in modum perturbati sunt, Promiserat Prexaspes se palàm esse denuntiaturum regem verè esse Smerdim, Cyri filium. Concio ergò advocata est. Ab altâ turri verba fecit Prexaspes ; cunctisque vehementer stupentibus, candidè admodùm quæ patrata fuerant revelavit : nempè se suâ manu Smerdi, Cambysis istius fratris jussu, vitam ademisse ; Smerdim magum in solio sedere. Dein à diis hominibusque sceleris quod invitus admiserat veniam precatus, ab altâ turri, capite ad terram verso projecit se atque exanimatus est. Haud difficilè percipis quanta indè in regiâ tumultuatio. Conjurati, qui quod modò evenerat prorsùs nesciebant, eò nemini suspecti intraverunt. Cùm hi essent aulici clarissimi, ne illos quidem ullus interrogavit quemnam peterent.

THEMA QUADRAGESIMUM

Cum conjurati regis cubiculo adfuerunt, visique sunt ministri ipsis introitu interdicere, tunc acinaces suos nudantes, quemlibet obvium trucidârunt. Statim ut Smerdis magus ejusque frater, de iis quæ evenerant unà deliberantes, strepitum audivêre, arma induerunt ut vim vi repellerent, atque ex conjuratis nonnullos sauciaverunt. Unus è fratribus extemplò interfectus est : alterum qui in remotius cubiculum aufugerat Gobryas Dariusque insecuti sunt. Prior istum corpore apprehensum validè suis constringebat bracchiis. Cùm in tenebris versarentur, istum ferire non audebat Darius, ne vel unum pro altero vel utrumque simul interimeret. Hujus anxietatem edoctus Gobryas, eum coegit magum gladio suo transverberare, licèt ambos simul esset transfossurus. Tantâ fecit solertiâ, tantâque felicitate, ut magus solus, ne læso quidem Gobryâ, interemptus fuerit.

Tunc confestim conjurati, cruentis adhuc manibus, è palatio excedunt, atque in publicum prodeuntes, Pseudo-Smerdis fratrisque ejus Patiziti capita antè oculos populi proposuêre fraudemque ex toto nudaverunt. Tanto populus percitus fuit furore, ut in cunctos regni ereptoris fautores irruerit; nullique parcens, quotquot potuit offendere trucidavit.

THEMA QUADRAGESIMUM PRIMUM

Interfecto Pseudo-Smerdi qui Persiæ solium invaserat, septem magnates Persæ inter se pacti sunt, se postero diè designatum in locum ituros esse, illumque regem electuros, cujus equus primum hinnitum ederet. Darii equorum gubernator, quod reperit stratagemate, domino suo sceptrum attulit. — Apud Babylonios, ægroti, ut mos erat, antè viatorum oculos proponebantur, ut ab his quæreretur, utrùm eodem laboravissent morbo, et quibus medicamentis istum vicissent. — Cicero astrologos haud immeritò irridebat : « Nobis aperite, aiebat illis, quâ de

« causâ tot inter pueros eodem temporis puncto, atque
« adeò sub astrorum eorumdem aspectu natos, duobus,
« sors prorsùs eadem haud sit futura? Num putatis vos,
« subjiciebat, quàm plurimos homines qui ad Cannas
« eodem mortis genere occiderunt, sub eodem signo cœ-
« lesti natos fuisse? »—Lycurgi ex legibus, statim ut puer
natus erat, inspiciebatur; si corporis erat (1) benè constituti, robusti valentisque, alebatur; si malè constituti,
infirmi et mollis, morti debebatur. Istud barbariei quis
non abhorreat? — Spartanus quidam, nomine Predare-
tes, cùm non fuisset cooptatus in numerum trecentorum
qui Lacedæmone priores habebant partes, adeò non ægrè
tulit, ut contra domum redierit contentus admodùmque
hilaris, dicens se exultare gaudio, quòd Sparta trecentos
viros ipso probiores reperisset.

THEMA QUADRAGESIMUM SECUNDUM

Quidam juvenis Spartanus, vulpeculam quam subri-
puerat, veste suâ subtexit, ne fraus pateret, nulloque
edito clamore passus est sibi ventrem unguibus ejus ac
dentibus laniari, donec exanimis concideret. — Cùm Lacedæmone quoddam festum Dianæ ergò celebraretur,
pueri, ante oculos parentum suorum et totius urbis in
conspectu, in arâ deæ inhumanæ, virgis cædi se ad sanguinem patiebantur, imò nonnumquàm isti, nullum eden-
tes clamorem, nullum ducentes suspirium, ictibus exami-
nabantur. Quos ipsi patres sanguine inundatos, onustos
vulneribus, animamque jamjam efflaturos videntes, illos
hortabantur ut ad extremum constanter perseverarent.
Ità dæmon, tàm abominandorum creator unicus sacrifi-
ciorum, utrosque obcæcabat. Asseverat Plutarchus suos
ipsius ante oculos multos infantes istum crudelem per
ludum periisse. — Spartanæ matres adeò non flebant,
cùm suos filios in prælio cecidisse audirent, ut contrà
gaudium testarentur. Quis adeò inhumanam agendi rationem miretur? Quantò sapientiùs loquebatur quidam
nostris è ducibus, cui acerrimam inter pugnam nuntiatum
est ipsius filium modò interfectum fuisse! « Ad hostem
« vincendum jam incumbamus; cras ego meum lugebo
« filium. »

(1) D'après la règle : Quem si arcessebam, abibat.

THEMA QUADRAGESIMUM TERTIUM

Amasis, Ægypti rex, Bianti scripsit ut eum consuleret et ab eo quæreret quid Æthiopiæ regi esset respondendum. Hic spondebat regi Ægyptio urbium se statum numerum cessurum esse, si maris aquas ex toto biberet, eâ lege ut, ni faceret, ipsi cederet totidem. Bias Amasi suasit ut conditionem acciperet, dummodò omnes fluvii in mare influentes ab Æthiopiæ rege cohiberentur : solæ etenim maris aquæ bibendæ erant, non autem fluviorum. Responsum simile Æsopo tribuunt.

Cùm urbs Priene, ab Alyatto obsessa, fame urgeretur, Bias, ut suæ patriæ saluti consuleret, duos mulos curavit pinguefaciendos, jussitque illos in hostium castra deduci. Illorum pinguedine rex obstupuit, atque in urbem misit legatos quasi pacis conditiones oblaturos, reipsâ autem observandi gratiâ quo modo in urbe res se haberent. Bias immensos arenæ acervos frumento obtegi jusserat. Postquàm regi retulerunt legati quantâ in rerum abundantiâ urbem reperissent, nihil cunctatus est, confectâque pactione, obsidionem solvit.

Thales Ægypti pyramidum altitudinem metiendi viam haud minùs certam quàm facilem reperit, nempè observando diem quâ nostri umbra corporis altitudinem ejus adæquat.

THEMA QUADRAGESIMUM QUARTUM

Darius primus urbem Babylonem quæ rebellare ausa fuerat obsedit. Cives quò diutiùs durarent cibaria, et quò acriùs ipsi obsessam urbem tuerentur, eò barbariei venerunt, ut mulieres puerosque congregatos strangulaverunt. Quâ strage patratâ, ab altis mœnibus obsidentibus insultabant, cunctasque in eos intorquebant contumelias. Persæ, per menses octodecim vim astumque frustrà adhibuerunt. Urbis expugnationem Darius desperabat, cùm Zopyrus, naribus auribusque sectis, et cruentato reliquo corpore, Babylonem ceu transfuga transiit, moxque portas ejus aperuit copiis Persarum, qui illud oppidi nunquàm seu oppugnatione seu fame occupare potuissent. Quantumvis potens esset Darius, non is erat

qui posset virum ob ejusmodi officium dignè remunerari.
Zopyrum omnibus cumulavit honoribus quos rex sibi
subdito potest tribuere. Ubi Babylonis potitus est Darius,
istius superbæ urbis centum portas auferri, mœniaque
everti jussit, ne deinceps rebellaret. Quilibet alius ac
Darius, pro victoris jure, omnes cives funditùs perdi-
disset. At princeps ille satis habuit, ter mille, inter re-
bellionis principes, stipitibus medios trajici, cæterisque
ignovit. Iste fuit exitus impiæ Babylonis, quæ Judæos,
miseram atque à Deo dilectam gentem, crudeliter habuerat.

THEMA QUADRAGESIMUM QUINTUM

Scythæ certiores facti in seipsos Darium procedere,
viderunt etiam atque etiam et consideraverunt quid
sibi faciendum esset. Intelligentes se non esse eos qui
hosti tàm formidando, nempè Persarum regi, soli resisterent, ad omnes vicinos populos legatos miserunt, ut ab
eis auxilium peterent, admonentes eos commune esse periculum, pariterque omnium interesse, hostem omnibus
insidiantem repellere. Nonnulli opem illis promiserunt :
alii à bello quod ad ipsos minimè spectabat prorsùs sese
removerunt. Hos mox pœnituit. Scythæ, ut conjuges suas
ac liberos in tuto collocarent, illos in remotissimas regio-
nes septentrionem versùs curribus transtulerunt cum suis
gregibus, sibi solummodò servantes ea quæ exercitui
erant necessaria. Curaverunt insuper obstruendos puteos
et fontes, atterendaque pabula, quà Persæ iter erant ha-
bituri. His ergò suis cum sociis obviàm iverunt, non quidem ut prælium cum illis committerent, sed ut, quò sibi
expediebat, illos allicerent. Ità è regione in regionem eos
duxerunt ad omnes populos qui ipsorum fœdus repudia-
verant, et quorum agri tum à Persarum, tum à Scytha-
rum exercitu ex toto devastati fuerunt.

THEMA QUADRAGESIMUM SEXTUM

Quò altius in Scythiam progrediebatur Darius, eò graviora exercitus ejus perferebat. Hic ad summas devenerat
angustias, cùm à Scythis venit caduceator, avem, sori-
cem, ranam et quinque sagittas, Dario pro munere obla-

turus. Quæsivit Darius quid sibi vellent ista munera?
Respondit caduceator ipsius esse sensum perspicere.
Princeps ille primùm existimavit Scythas sibi velle se
deditos. Gobryas verò, unus è septem qui adversùs magum se Cyri filium profitentem conjuraverant, hoc
ænigmatis aliter quàm Darius interpretatus est. « Persæ,
« ait, nisi in aerem avium instar avolaveritis; vel nisi
« tanquam sorices latueritis in terrâ, aut nisi seu ranæ
« aquâ mersi fueritis, scitote vos Scytharùm sagittas haud
« esse vitaturos. » Reipsâ, totus exercitus in regionem
vastam, incultam, desertam, et aquæ prorsùs inopem
adductus; penè periit; neque extrà periculum ipse fuit
Darius. Princeps ille qui equo suo se sceptrum debere
fatebatur, salutem suam debuit camelo, qui aquâ onera-
tus; horrendam istam per solitudinem illum perdifficulter
secutus est. Darius jam non deliberavit, et, quanquam
invitus, ab inconsulto incœpto desistere coactus est.

THEMA QUADRAGESIMUM SEPTIMUM

Seni cuidam venerando, quem Oæbasum vocabant,
tres erant filii qui parabant se ad sequendum Darium,
cùm Scythis bellum jamjam esset illaturus. Hunc Susis
proficiscentem pater ille infortunatus rogavit, ut in suæ
senectutis solatium unum è tribus filiis suis relinqueret.
Unus haud sufficit, subjecit Darius, tres tibi relictos volo;
atque extemplò illos interfici jussit. Eò magis stupenda
est istius modi barbaries, quòd benigna admodùm mitis-
que Darii indoles videbatur.

Persarum classis adeò vehementi tempestate jactata
est, cùm ad Macedoniæ littora procederet, ut cum plus
viginti millibus hominum plus trecentæ naves ibi perie-
rint. Simulque cùm terrestris exercitus in loco haud tuto
consedisset, Thraces in Persarum castra noctu irruentes,
horribilem stragem ediderunt, ipseque Mardonius vulneratus fuit. Dux ille cujus potentia toti Macedoniæ terrorem priùs incusserat, tum terrâ tum mari victus, in
Asiam reverti coactus est.

Cùm Darius Spartam et Athenas caduceatores misisset,
qui terram et aquam peterent, alterum in puteum, alte-
rumque in altam foveam projecerunt, jubentes eos indè
aquam et terram capere. Quis dubitat quin Græci quod

ab ipsis petebatur jure denegarent? at publicos minis-
tros adeò indignè habentes, jus gentium palàm abrum-
pebant.

THEMA QUADRAGESIMUM OCTAVUM

Persarum exercitus, cui præerat Datis, ex peditum
centum millibus, equitumque decem millibus constabat;
hominum decem millibus haud amplior erat Atheniensium exercitus. In hoc numerabantur decem duces, qui
singuli, suo quisque die, exercitui præfuturi erant. Inter
duces magnâ contentione decertatum est, utrùm tentanda
esset belli fortuna, an hostis in urbe exspectandus. Quamvis primùm multò præstaret posterior sententia, et
æquior videretur, deindè tamen priori paruerunt. Ità
egit Aristides, ut Miltiadi imperium commissum fuerit.
Non exspectaverunt Athenienses dùm oppugnarentur.
Vix datum est pugnæ signum, cùm in hostem omnibus
viribus irruerunt. Acre pertinaxque fuit prælium. Profligati Persæ, non ad castra sua, sed suam ad classem
omnes fugerunt. Quos insecuti Athenienses multas è navibus eorum incenderunt. Tunc verò Cynegirus, miles
Atheniensis, hosti adeò infensum se præstitit, ut duabus
manibus securi amputatis, navi adhærens dentibus, hanc
neutiquam dimiserit.

THEMA QUADRAGESIMUM NONUM

Athenienses septem naves ceperunt. Illi circiter ducentos homines, Persæ autem ferè hominum sex millia desi-
deraverunt, præter eos qui fugiendo in mare cecidêre,
aut in navibus incensis cremati fuerunt.

Hippias in prælio occisus est. Civis iste ingratus ac
perfidus, ad recipiendam iniquam dominationem quam
Pisistratus pater ipsius in Athenienses injustè sibi sump-
serat, regis barbari gratiam aucupari, opemque ejus suos
in cives implorare haud fuerat veritus. Odio atque vindictæ serviens, omnia quæ potuerat excogitare illi suasit,
ut ipsius patria in servitutem addiceretur ; ipseque Persis
præerat, ut in cinerem verterent solum quod ipsum pepererat, quamvis id unum ei exprobrandum haberet,
nempè quòd ea ipsum nollet tyrannum agnoscere. Turpi

morte, omnibus exsecrandâ posteris, tàm atrocis perfidiæ pœnas persolvit. Persæ Marathonem marmor attule-
rant, tropæum ibi posituri, adeò habuerant persuasum
suam fore victoriam.

THEMA QUINQUAGESIMUM

Statim à prælio, miles quispiam Atheniensis, hostium
recenti adhuc imbutus sanguine, extrà agmen progressus, omnibus cucurrit viribus, felicem victoriæ nuntium
civibus suis delaturus. Cùm in magistratuum domum advenisset, vix duo hæc protulit verba : *Gaudete, vicimus*,
cùm ad pedes eorum mortuus concidit.

Persarum classis, cùm Asiam potuisset repetere, Athenas versùs plenissimis velis navigavit, eâ mente ut in-
cautam hanc urbem vi invaderet, priusquàm Athenienses
illi adessent auxilio. Hi verò tantâ usi sunt diligentiâ ut,
quamvis longo et acri defatigati prælio, Athenas, licèt
plus quindecim leucis à Marathone distantes, ipsâ tamen
die advenerint. Aristides, cujus fidei præda credita fuerat,
non modò ab eâ manum abstinuit, sed etiam impedivit
ne cæteri eam attingerent.

Lacedæmonii, Atheniensibus laturi auxilium, tres intrà
dies septuaginta leucas emensi sunt ; sed solummodò postridiè prælii advenêre. Illis prosperum pugnæ exitum
gratulati, in suam regionem reversi sunt.

THEMA QUINQUAGESIMUM PRIMUM

Ex omnibus Xerxis militibus, nullus cum eo seu vultûs
pulchritudine, seu eminenti staturâ certabat. Nihilominus
dixit quidam auctor innumerabili Xerxis exercitui ducem
defuisse.

Cùm Xerxem rogavisset Pythius ut è quinque suis filiis
in illius copiis militantibus natu maximum sibi in suæ
senectutis solatium relinqueret, Xerxes istâ postulatione,
quantumvis æqua foret, adeò exasperatus est, ut hunc
natu maximum filium sui patris antè oculos jugulari jusserit. Proh quanta barbaries !

Cùm idem Xerxes magno sumptu pontem conjunctis
navibus mari imposuisset, ut ex Asiâ in Europam suas
trajiceret copias, sæva tempestas, quæ repentè coorta

est, hunc dissolvit. Quo audito Xerxes nuntio, tanto percitus est furore, ut ulciscendæ istius modi contumeliæ
gratiâ, in mare binos compedes, quasi ad illud vincien-
dum, projici, istique trecentos flagellorum ictus infligi
jusserit. Nec satis, omnes qui operi præfuerant, jubente
isto, obtruncati sunt.

Xerxes, videns mare suis tectum navibus, terramque
suis opertam copiis, primùm se omnium hominum maximè
fortunatum existimavit : at cùm deindè secum reputavisset, ex tot millibus hominum ne unum quidem post
centum annos esse victurum, non potuit non lacrymari.

THEMA QUINQUAGESIMUM SECUNDUM

Artaxerxes ab interfectoribus Xerxis sui patris insigniter se vindicavit, præsertimque ab ennucho Mithridate,
qui illum prodiderat. Hunc alveorum supplicio interimi
jussit. Quod hocce modo fiebat : nocens in alveo resupi-
nabatur, illumque validè constrictum altero tegebant alveo, præter caput, pedes et manus, quæ cavis eâ de causâ
aptè dispositis eminebant. In duro isto corporis statu,
sonti porrigebant cibum necessarium, quem invitus sumere cogebatur. Huic erat potui mel lacte dilutum ; eoque illi vultum totum illinebant ; quod muscarum vim
incredibilem alliciebat, quandoquidem constanter ille
solis ardentibus patebat radiis. Vermes ex ejus excrementis geniti intùs illi rodebant viscera. Istud supplicii
plerumquè quindecim aut viginti diebus durabat, per
quos sons morti addictus torquebatur doloribus enun-
tiatu eò difficilioribus quòd vix valeas istos vel animo
effingere.

THEMA QUINQUAGESIMUM TERTIUM

Nescio an princeps femina atrociorem vindictam quàm
Amestris, Xerxis conjux, unquàm exercuerit. Gùm ipsi
tradita fuisset uxor Masisti, fratris regis, illi secari jussit
ubéra, linguam, nasum, aures et labra; quæ cánibus jussit projici, eamque ita mutilatam in ejus mariti domum
remisit. Masistus, mirum in modum exasperatus, suis omnibus aggregatis, præproperè profectus est in Bactrianam,
cui præerat, ut ibi exercitum conscriberet. Xerxes, con-

silii ejus suspicionem habens, equitùm turmam ei instare jussit; et cùm illum assecuti fuissent, cum liberis suis omnibusque comitibus discerptus est.

Ferunt eamdem reginam vivos cremari jussisse quatuordecim pueros apud Persas genere clarissimos, ut eos infernis diis immolaret.

A quinquennio ferox ista regina exorabat ut sibi traderentur Inarus, Ægytiorum rex, Atheniensesque cum eo capti, ut, eos interimendo, Acheminidis filii sui, qui in prælio ceciderat, mortem ulcisceretur. Artaxerxem haud puduit suum jusjurandum jusque gentium violare, ne iniquam matrem mœrore afficeret. Inhumana hæc regina cruci affigi Inarum jussit, cæterosque obtruncari.

THEMA QUINQUAGESIMUM QUARTUM

Cum Xerxes à Demarato quæsivisset an existimaret ausuros esse Græcos sibi resistere, rex ille exulans respondit, Lacedæmonios, vel à cæteris Græcis desertos, eos esse qui ipsi venirent obviam, nec pugnam detrectarent. Xerxes cœpit ridere, iterque perrexit.

In eo erant ut Græcos speculatores deprehensos interimerent; at jussit Xerxes eos circà omnes sui exercitûs manipulos duci ac dimitti incolumes, ut discerent Græci quid sibi metuendum esset.

Aristides Mardonii legatis respondit, solem eis manu suâ monstrando : « Scitote, quandiu suum illud astri « perget cursum, Persarum hostes apertos fore Athe- « nienses. »

Quidam Atheniensis, nomine Lycidas, extemplò lapidibus obrutus est, quòd censuisset legatum Mardonii, Persarum ducis, audiendum esse; simulque mulieres Atticæ in domum ejus properantes, conjugem quoque ac liberos ejus lapidibus obruerunt; legatus tamen incolumis dimissus est.

Pausaniam hortabantur ut à Mardonio vindictam repeteret, jubendo istius ducis corpus, ut ille Leonidæ, cruci affigi; at non commisit Pausanias ut isti rei annueret, adeò persuasum habebat suavius esse, ergà hostes, præsertim mortuos, indulgentiâ utiquàm ab illis vindictam repetere.

THEMA QUINQUAGESIMUM QUINTUM

Cimon, victis Persis, Thasios, qui ab Atheniensibus desciverant, adortus est, eorumque classem devicit. Quæ
clades non impedivit quin pervicaciâ quæ vix potest credi
in suâ rebellione perstarent. Diceres illis rem fuisse cum
hostibus sævis ac barbaris, à quibus ultima eis metuenda
erant. Capitis igitur pœnam sanxerunt in eum qui primus censeret cum Atheniensibus paciscendum esse. Per
tres obsidionis annos, cives illi miseri crudelissima belli
infortunia perpessi sunt, nihilque eorum pervicaciam
frangere valuit. Nec mulieres minùs efferatæ quàm homines; et quia deerant funes, cunctæ suos capillos in
hunc usum impendendos ultrò totonderunt. Fames, quæ
in dies crescebat, innumeros cives diebus singulis rapie-
bat. Hegetorides Thasius, cui acri erat dolori suorum civium interitus, haud dubitavit vitæ devotione urbi saluti
consulere. Collum in laqueum inseruit, atque in publicum
prodiens : « O mei cives ! ait, ne mihi parcite, meque ca-
« pite, si vobis videtur, damnate : at meo interitu reli-
« quum servate populum, abrogando legem lethiferam
« quam in vestrum exitium promulgavitis. »

THEMA QUINQUAGESIMUM SEXTUM

Hegetoridis sermo Thasios adeò commovit, ut quam
tulerant legem extemplò abrogaverint. At non commiserunt ut tàm magnanimum civem morte plecterent :
jam non dubitaverunt sese dedere Atheniensibus, qui
illis vitam non ademerunt, satisque habuerunt urbem
eorum mœnibus exuere.

Demaratus jussus à rege Artaxerxe donum petere, ei
supplicavit ut per ipsum sibi liceret, urbem Sardes, capite
tiarâ regiâ velato, ingredi. Rex istâ petitione adeò offensus est, ut videretur nunquàm ei veniam daturus. Sed
Themistocles, pro eo deprecatus, in gratiam illius eum
reduxit.

Haud planè constat quomodò obierit Themistocles :
referunt alii hunc ab Artaxerxe jussum suam in patriam
dimicare, tauri immolati potavisse sanguinem, aut venenum præsentaneum hausisse. Perhibent alii eum morbo
interiisse.

Si Straboni fidem adhibemus, adeò longæ erant Artaxerxis manus ut stans iis genua posset attingere ; si Plutarcho, dextra illius sinistrâ erat longior. Haud te fugit quid cognominis ei indiderint.

THEMA QUINQUAGESIMUM SEPTIMUM

Artaxerxe atque Megabyzo die quâdam venantibus, cùm leo cruribus assurrexisset posterioribus, ut in Artaxerxem irrueret, Megabysus, imminente regi periculo exterritus, solique suo ergà eum studio serviens, intorto telo leonem occidit. Quis credat Artaxerxem jussisse caput Megabyso detruncari, arguens istum suum ergà principem irreverentem fuisse, qui ausus esset feram prior ferire ? Illius mater Amestris, sororque Amytis, quæ Megabyso nupserat, haud ità facilè impetraverunt, ut sæva ista leniretur sententia, perpetuoque exilio mutaretur. Cyrtam mari Rubro oppositam amandatus est, jussusque ibi usque ad obitum degere. Sed post quinquennium, lepris affecti habitu aufugit, Susaque reversus est. Uxoris necnon socrûs suæ operâ, rursus in gratiam, imò in favorem rediit. Aliquot post annos obiit sex et septuaginta annos natus. Minimè mirum est, quòd ille tum à rege tum à totâ regiâ desideratus fuerit : regni quippè erat vir peritissimus, simulque præstantissimus imperator. Rex ei simul coronam et vitam debebat.

THEMA QUINQUAGESIMUM OCTAVUM

Regnante Archidamo, Sparta horrendo admodùm concussu mota est, adeò ut multis in locis voraginibus hausta fuerit regio ; montes multi suis concussi sunt sedibus ; ex illorum cacuminibus multa avulsa corruerunt, urbsque tota disturbata est, exceptis quinque domibus quæ horrendâ in istâ vastatione solæ exstiterunt. In miseriæ cumulum, Lacedæmoniorum servitia, ut suam libertatem recuperarent, undique advolârunt, ad exstirpandos illos quibus pepercerat terræ quassatio. Eò agebant audaciùs, quòd Messenios cum Spartanis tunc belligerantes sibi esse adjumento cernebant. Lacedæmonii in istas adducti angustias, miserunt qui ab Atheniensibus auxilium peterent. Repugnante licèt Ephialte, Cimon suis civibus suasit ut copias Spartanis subsidio mitterent, ne claudicaret Græcia.

Cimon urbem Lacedæmonem perpetuò efferebat laudibus ; cùmque Athenienses vituperaret, dicere solebat : Haud ità Spartani. Sic suorum civium invidiam odiumque in se concitavit.

THEMA QUINQUAGESIMUM NONUM

Alcibiades, juvenis adhuc, Socratesque ejus magister, in prælio Athenienses inter et Corinthios mirum in modum eminuerunt. Res planè mirabilis, philosophum videre loricam induentem, atque attendere quomodò de pugnâ sese expediat. Toto in exercitu nullus erat qui tàm fortiter quàm Socrates belli labores perferret. Fami verò, siti, frigori despiciendis jamdudùm erat assuefactus ; istaque perfacilè vincebat. Thracia, ubi res agebatur, frigida est regio, atque pruinâ obriget. Dum cæteri milites, vestibus suis pellibusque valdè calorificis induti, in suis tentoriis sartos et tectos se haberent, nec auderent auram captare, ille exibat à frigore haud magis quàm more suo munitus, nudisque pedibus incedebat. Ipse suâ hilaritate suisque facetiis convivas exhilarabat, suoque exemplo ad bibendum alios alliciebat, nec tamen unquàm pergræcabatur. Quandò certandum fuit, tunc munus suum mirificè præstitit. Sauciato dejectoque Alcibiadi Socrates nihil sibi timens se obviam tulit, strenuè illum tuitus est, atque in conspectu totius exercitûs impedivit ne hostes illum armaque ejus arriperent.

THEMA SEXAGESIMUM

Licet Milo, exercitui præfectus, insignem reportaverit victoriam, hic tamen pugilatu clarior est quàm militiâ. Adeò formidabatur, ut cùm sexies victor in ludis olympicis, septimùm prodiisset, nullum adversarium repererit. Ille, ut perhibent, in disco oleo perfuso, quò magis lubricus fieret, adeò firmiter consistebat, ut neutiquam posset moveri. Fune veluti diademate sibi caput cingebat ; cùm dein animam obnixè comprimeret, capitis venæ adeò se attollebant, ut funem rumperent. Die quâdam cùm suas aures præberet docenti Pythagoræ, cujus erat unus è discipulis maximè assiduis, columnam quâ auditorii laqueat nitebátur, nescio quo casu repentè concussam, solus ille sustinuit, donec omnes auditores abscedere potuissent; et ipse, jam tutis cæteris, aufugit. Ea erat Milonis voracitas, ut carnis libræ viginti panisque totidem vix possent famem ejus explere.

THEMA SEXAGESIMUM PRIMUM

Quidam auctor dicere ausus est Milonem, cùm die quâdam ex toto stadium longitrorsùm percurrisset taurum quadrimum suis sustinens humeris, eum uno pugno mactatum eâdem die integrum comedisse. Fatendum est rem, si vera sit, creditu difficilem esse.

Narrant Milonem, cùm persenex videret cæteros athletas colluctantes, suosque lacertos inspiceret, olim tàm robustos, tunc autem ætate valdè enervatos, non potuisse non exclamare cum lacrymis : « Heu ! nunc emortui sun « isti lacerti. » Attamen, quantumvis debilitatus esset[t] nactus annosam quercum cuneis in eam obnixè adacti, semiapertam, putavit se adhuc eum esse qui manibu[s] illam ex toto finderet. Cuneis autem ipsius conatu solutis[s] apprehensæ ac constrictæ sunt manus ejus duabus arbori, partibus iterùm inter se junctis, adeò ut, cùm sese expes dire nequivisset, à lupis voratus fuerit.

THEMA SEXAGESIMUM SECUNDUM

Pericles dicere solebat milites suos, si per se unum staret, immortales fore : arbores abscissas eversasque exiguo renasci tempore, homines verò mortuos in perpetuum evanescere.

Pericles, suum nauclerum videns perterritum dubiumque quid ageret, proptereà quòd sol fortè defecisset, terraque tenebris obtegeretur, in vultum ejus suum conjecit pallium, quæsivitque ab eo an cerneret. Cùm respondisset nauclerus sibi impedimento esse pallium, fecit Pericles ut ille intelligeret causam similem, nempè lunam ipsius oculos inter et solem positam obstare, ne hujus claritatem videret.

Pericles uno eodemque tempore orbatus est Xantippo, filiorum suorum natu maximo, suâ sorore, multis aliis

cognatis, multisque amicis, qui peste interierunt. Tantâ
fuit constantiâ, ut istis non frangeretur calamitatibus. At
Paralo, liberorum ipsius postremo, pariter peste ablato,
cùm capiti ejus floream coronam voluit imponere, jam
suum non cohibens dolorem, non potuit quin ederet sin-
gultus vimque lacrymarum profunderet.

THEMA SEXAGESIMUM TERTIUM

Artaxerxes, postquàm ferè quadraginta annos regna-
visset, anno ante Jesum Christum quadringentesimo vigesimo quinto mortuus est. Uxor ejus eodem quo ipse
obiit die. Patri suo successit Xerxes, quem unum filium
ille è reginâ conjuge suâ genuerat. Sogdianus, ex aliâ
matre natus, novum adortus regem, qui, postquàm die
festo vino se obruisset, in cubiculum suum sese receperat,
ut ibi vinum edormisceret, illum, post regnum quinque
et quadraginta dierum, perfacilè interfecit, ipseque illius
in locum rex declaratus est. Bagorazum quoque, sui
patris eunuchum fidelissimum, lapidibus obrui jussit.
Sogdianum, post utriusque cædem, tum exercitus tum
nobilitas abhorruêre. Ochum, unum è suis fratribus,
nihilominùs accersivit, eâ mente ut illum advenientem
interimeret. Ochus, Hyrcaniæ præfectus, non commisit
ut pareret. Venit tantummodò postquam ingentem exercitum collegisset, palàm denuntians se velle fratris sui
Xerxis mortem ulcisci. Plerique nobiles, multique pro-
vinciarum præfecti, Sogdiani sævitiam exsecrantes, ad
Ochi causam se inclinaverunt. Capiti ejus imposita est
tiara, quod erat regni insigne, rexque appellatus est.

THEMA SEXAGESIMUM QUARTUM

Sogdianus sic derelictus, tàm ignavum in tuendâ coronâ se præbuit, quàm sævum in invadendâ se præsti-
terat. Amicorum suorum maximè intimorum monitis
aures obserans, pactionem orsus est suo cum fratre, qui
apprehensum eum projici jussit in cinerem, in quo sævâ
morte interiit. Hoc erat Persiæ proprium supplicium,
quo soli nocentissimi mulctabantur. Ad statam altitudinem cinere implebatur turris altissima. Nocens è summâ
turri, ad terram verso capite, in cinerem projiciebatur.

Dein quâdam rotâ circà eum sinè ullâ intermissione hunc
agitabant cinerem, donec isto suffocaretur. Sic princeps
iste sceleratus vitam amisit simulque imperium, quo
duntaxat sex mensibus diebusque quindecim potitus est.

Arsitus, attendens quâ viâ Xerxi sceptrum præripuisset
Sogdianus, huicque Ochus, isti idem factum voluit. Palàm
igitur rebellavit. Longè autem abfuit ut pro voto res
cederet. Ad deditionem enim perpulsus, cineris supplicio
mulctatus est.

THEMA SEXAGESIMUM QUINTUM

Timentes Lacedæmonii ne helotes, nempè servi, rebel-
larent, non veriti sunt atrocissimam adhibere perfidiam,
ut ab illis sese expedirent. Edicto publico inducti sunt ii
qui inter servos proximis in bellis de republicâ optimè
meriti fuerant, ut, à servitute liberandi, venirent ad
suum nomen in tabulis inscribendum. Bis mille servi,
nihil doli suspicantes, accedere minimè dubitaverunt.
Hosce cum sertis, quasi libertate donandos, templa cir-
cumduxêre; sub istud pompæ è conspectu ablati sunt,
nec unquàm compertum est quid de illis factum fuisset.

Cùm inter se pugnarent Thebani Atheniensesque, per
Socratem non stetit quin posteriores referrent victoriam.
Pro certo affirmant si partes suas singuli, tanquam ille,
strenue obiissent, neutiquam profligandos fuisse Athenienses. Socrates in fugam cum cæteris abreptus est.
Ibat pedibus. Hunc Alcibiades cùm ex equo aspexisset,
ad eum accessit nec commisit ut desereret. Adversùs
hostes insequentes illum strenuè tuitus est.

THEMA SEXAGESIMUM SEXTUM

Alcibiadem modò severum austerumque, modò face-
tum admodùmque affabilem; nunc virtutis proborumque
amicum, nunc autem vitio improbisque deditum videbant, adeò ut putavisses, ut ità dicam, plures in eo homines existere. Athenis nullus erat sermo nisi de ejus
flagitiis. Istud rumoris restingui, minimè tamen mutatis
moribus, exoptabat. Illi erat canis mirificâ proceritate
eximiâque pulchritudine, quem ille ter mille quingentisque libris emerat. Indè colligere est perantiquam esse

II 3

canum insaniam (1). Isti caudam jussit amputari, qu
quidem plurimùm eminebat. Hoc sui ei amici gravite
exprobraverunt, dixeruntque totam de ipso conqueri civi
tatem, illique probro vertere, quòd adeò venustum canen
deformavisset. « Hoc appeto, respondit Alcibiades, qu
« non ridere non potuit; vehementer gaudeo quòd d
« meo cane sermones habeant; et si de eo tacerent
« timerem ne de me graviora loquerentur. »

Licèt Athenienses Alcibiadis verba penitùs animo im-
biberent (*ou bien :* quantamcumque Alcibiadis verbæ
Atheniensibus moverent admirationem), persuasum ha
bebant Socrates, Methonque cœli siderùm spectator
haud prosperè cessuram ejus in Siciliam expeditionem
Posteriorem perhibent stultum simulavisse, atque postu-
lavisse ut, habitâ ipsius calamitatis ratione, sibi suum
relinquerent filium, illumque militiâ immunem facerent.

THEMA SEXAGESIMUM SEPTIMUM

Alcibiades Athenas revocatus, in longam navem suam
confestim conscendit; sed postquàm in terram evasisset,
è conspectu ablatus est, adeò ut illum insequentes ubi-
nam esset explorare nequiverint. Interrogatus utrùm suæ
patriæ non fideret de judicio quod de ipso erat latura :
« Ipsi matri meæ, respondit, haud fiderem, adeò vererer
« ne pro fabâ albâ atram, haud ultrò quidem, porri-
« geret. »

Alcibiades, licèt absens, capite tamen damnatus est,
omniaque ejus bona publicata sunt. Cùm jussæ fuissent
sacerdotes illi malè precari, una ex illis adeò animosa
fuit, ut responderit se sacerdotem esse ut benè, non
autem malè precaretur. Aliquantò post, cùm Alcibiades
nuntium acciperet se capite damnatum fuisse ab Athe-
niensibus : « His ego, ait, me adhuc vivere apertissimè
« probabo. » Cùm jam non speraret se suam in patriam
revocatum iri, ad Spartanorum opem perfugit, promisit-
que se, si tanquàm amicus ab eis exciperetur, plura illis
præstiturum esse officia, quàm ærumnas illis ut hostis
creaverat. Hunc Spartani quàm benignissimè exceperunt.
Vix Spartam advenit, cùm omnium civium benevolentiam

(1) *Villarum insania.* (Cic.)

necnon existimationem sibi conciliavit. Omnes prorsùs
ad mores eorum perfacilè finxit se atque accommodavit ;
qui eum videbant genas ad cutem sibi radentem, balneo
utentem frigido, Lacedæmoniorum jus nigrum minimè
fastidientem, haud facilè sibi persuadebant illi unquàm
coquis et unguentariis opus fuisse.

THEMA SEXAGESIMUM OCTAVUM

Cum audivit Atheniensium exercitus Athenas addictas
esse servituti quadringentorum tyrannorum cui cives
malè habebant, alios morte, alios exilio mulctantes,
eorumque bona impunè publicantes, existimavit nihil
sibi satius esse, quàm revocatum Alcibiadem toti bello et
imperio præficere.

Octodecim cum navibus adfuit Alcibiades tùm cùm
inter se dimicarent Athenienses et Lacedæmonii, atque
utraque classis hinc vinceretur et illinc vinceret. Adven-
tus ejus primùm novum posterioribus ardorem injecit,
priorum autem fregit animos. Alcibiades verò Attica
attollens vexilla, irruit in Lacedæmonios, qui, utpotè for-
tiores, hostem acriter insequebantur. Illos fugatos ad
terram propulit, allisisque eorum navibus, horribilem edi-
dit stragem militum, qui, ut enatarent, jactu in aquam .
sese dederant. Denique Athenienses, occupatis triginta
navibus, et quas amiserant receptis, tropæum posuerunt.

Tissaphernes, cum à Lacedæmoniis se insimulatum videret, timeretque ne in se animadverteret rex, quòd ipsius
jussa non perfecisset, jussit, violato jure gentium, comprehendi Alcibiadem, qui, post victoriam de Lacedæmonis
reportatam, tum suo tum Atheniensium nomine plurimis
maximisque muneribus ipsum affecturus venerat.

THEMA SEXAGESIMUM NONUM

Sardes captivus missus est Alcibiades. Sed post triginta dies, cùm in promptu equum haberet, aufugit clàm
suis custodibus, Atheniensiumque ad classem se contulit.
Tunc hostes terrâ marique adoriri statuit. Ità suum texit
consilium, ut ipsi Athenienses, qui in naves præproperè
impositi fuerant, anchoram solutam, seque profectos esse
minimè senserint, nedùm hostes illum adventare suspi-

carentur. Ex octoginta sexque navibus, quibus constabat classis, quadraginta duntaxat jussit secum procedere, longè tantùm sequi jussis cæterarum navium præfectis. Quo stratagemate hostes decepti, prælium inire non dubitaverunt. Sed statim ac alias naves appropinquantes vidêre, repentè animo defecti in fugam se dederunt. Tunc Alcibiades, ipsum sequentibus inter optimas viginti duntaxat navibus, ad littus appellit, factâque exscensione fugientes acriter insequitur, et quàm plurimos interficit. Ejus conatibus nequicquam obstant Mendarus Pharnabasusque : priorem mirâ demicantem fortitudine occidit, fugatque alterum. Quanto Athenis gaudio, tanto Lacedæmoniis luctui fuit ista victoria.

THEMA SEPTUAGESIMUM

Quantumvis à petendo Persarum auxilio abhorreret Callicratidas, attamen necessitate compulsus, Lydiam petiit, in Cyri regiam se contulit, rogavitque ut hunc principem certiorem facerent, venisse Græcorum classis præfectum, ut cum eo sermonem conferret. Audivit Cyrum mensæ accumbere. Modestissimè respondit properato haud opus esse, seque exspectaturum dum princeps à mensâ surrexisset. Custodes ridere, et mirari advenæ istius simplicitatem ; illeque abscedere coactus est. Cùm rursùs venisset, eamdem repulsam passus est. Tunc Ephesum rediit, exsecrationes et maledicta congerens in eos qui primi barbaros adulati fuerant, suisque humilibus atque abjectis assentationibus istos edocuerant, jus sibi arrogare cæteris mortalibus insultandi. Tunc quidem juravit se Spartam reversum omni ope atque operâ enixurum, ut Græcos inter se dissidentes in pristinam concordiam reduceret, qui seipsos Persis formidandos præstarent. Huic autem magnanimo Spartano haud contigit ut in suam rediret patriam, tam egregium consilium patraturus : cùm enim paulò post mari cum Atheniensibus quibus Conon præerat manus conseruisset, fibulâ ferreâ navis ejus arrepta, hostibus mox impleta est (ou redundavit), horrendâque strage editâ, hicce dux strenuus mortuus concidit, potiùs ingenti obrutus numero quam devictus.

THEMA SEPTUAGESIMUM PRIMUM

Hoc mihi dolet, quod Gylippus, Lacedæmoniorum imperator, præclarè gestorum splendorem sordidâ maculaverit avaritiâ. Memoriæ proditum est huncce ducem, Syracusis liberatis, multisque relatis victoriis, pecuniâ impletos dissuisse saccos, quos Spartam transferendos ipsi crediderant, atque pecuniæ partem furatum, saccos solertissimè iterùm consuisse. Furti nihilominùs convictus est; timensque ne ad supplicium traheretur, Lacedæmone ultrò exulavit.

Artaxerxes, quem Græci, incredibilem ob ejus memoriam, Mnemonem cognominavêre, à patre suo jamjam morituro quæsivit, quid normæ per regnum adeò diutinum prosperumque sibi constituisset, ut ipsum posset imitari : « Omnem curam atque operam, respondit, ad « hoc contuli, ut quod à me exigebant justitia et probitas « ego semper præstarem. »

Persarum reges, priusquàm inaugurarentur, suâ togâ depositâ, quam tulerat priscus Cyrus, priusquàm rex esset, hanc sibi induebant, ut discerent animo suo ejus quoque præclaras virtutes infigendas esse. Deinde, postquàm aridam ederant ficum, terebinthi folia mandebant, sorbebantque aceti et lactis potionem, nimirùm ut intelligerent regalis dignitatis delinimenta plurimis misceri amaritudinibus, et solium, ut multis deliciis et honoribus, sic multis ærumnis et anxietatibus affluere.

THEMA SEPTUAGESIMUM SECUNDUM

Juvenis Cyrus, qui laborabat ambitione, quique existimaverat se suo patri successurum esse, suum fratrem Artaxerxem in ipso templo, totius in aulæ conspectu jugulare decreverat, tùm cùm suam togam deponeret, prisci Cyri togam sibi induturus. Patefacto autem atroci isto consilio, apprehensus fuit necnon capite damnatus. Cùm advolâsset Parysatis mentis suæ haud compos, quem deperibat Cyrum suis strinxit bracchiis, illum incinctis capillis alligavit, multoque ejulatu, multâ obsecratione, et multo fletu, ejus veniam impetravit, adeò ut ille in maritimas provincias quibus præerat remissus fuerit.

Parysatis et Statira, Artaxerxis Persarum regis, altera
parens, conjuxque altera, inter se certare videbantur,
utra utram sævitiâ vinceret. Prior, primùm Roxanâ, Statiræ sorore, serrâ duas in partes desectâ, omnes ejus
affines perimi jussit; atque sanè invita Statiræ, sui filii
uxori, primùm pepercit. Statira Udiastem, qui ipsius
fratrem occiderat, linguâ prius avulsâ, crudelissimis interimi jussit cruciatibus. Attamen, quantumvis crudelis
foret Statira, fatendum est ipsam Parysatin magis per-
fidam ac barbaram extitisse.

Pharnabazum obsecraverunt Lacedæmonii ut ab Alci-
biade, quem quantum quem maximè formidabant, per
ipsum quoquo pretio expedirentur. Ii quos ad interficiendum Alcibiadem miserat satrapes, non ausi domum ubi
quiescebat ingredi, hanc succenderunt. Cùm Alcibiades
flammæ vim gladio armatus transiisset, non commiserunt
barbari ut in eum irruerent, sed licèt fugientes et retroce-
dentes illum jaculis sagittisque obruerunt, adeò ut in
loco mortuus considerit.

THEMA SEPTUAGESIMUM TERTIUM

Curru suo vehebatur Cyrus, cùm repentè horâ ferè
nonâ matutinâ citato equo eques accurrit, quacunquè
iter ageret clamans, pugnæ accinctum hostem adventare.
Tunc Cyrus è curru desiliens, armis citò se instruit, et in
equum insilit manu gerens jacula, jubens quemque sua
arma suumque ordinem resumere; quod statim præstitum est adeò celeriter, ut cibum sumere copiis haud
licuerit. Clearchus, Græcarum copiarum imperator, Cyro
suasit ut Græcorum agminibus sese obtegeret : « Quid ais
« tu? respondit Cyrus : quid! vel cùm rex fieri cupio
« num regno indignum me præstabo? » Nec mora, ad
Artaxerxem rectà procedit cum sexcentis suis equitibus,
Artagersum præfectum sexies mille equitibus regem cir-
cumstantibus suâ manu interficit, omnesque fugat. Ubi
fratrem suum prospicit, exclamat flammâ scintillantibus
oculis : *Istum en video*, adversùsque eum equum suum concitat calcaribus, comitantibus solummodò præcipuis sui
exercitûs ducibus : namque ad fugientes insequendos
dilapsæ erant ejus copiæ. Tunc Artaxerxem inter et Cyrum sibi invicem infensos quasi singulare fit prælium.

THEMA SEPTUAGESIMUM QUARTUM.

Inter se certabant Artaxerxes Cyrusque uter ferrum in pectus suo infigeret æmulo, istiusque nece sibi solium adsciscerct. Cyrus, dispulsis omnibus qui antè Artaxerxem dimicabant, hunc assequitur, cæsoque ejus equo, ipsum humi sternit. Postquam surrexit Artaxerxes, atque in alium equum insiliit, in eum denuò irruit Cyrus, ictu secundo illum sauciat, paratque tertium, quem sperat postremum fore. Artaxerxes, non secùs ac leo qui à venantibus se sentiens sauciatum furit vehementiùs, impetum facit, equum suum concitat in Cyrum, quem hastâ suâ percutit, tùm cùm eum quoque cæteri appeterent. Mortuus concidit Cyrus. Hunc alii à fratre suo, alii à Carico milite occisum fuisse perhibent. Mithridates, juvenis Persa, gloriabatur se illi lethalem ictum infixisse, suam hastam ei propè oculum in tempus infigendo tanto impetu, ut caput ejus transfixerit. Aulæ ejus viri principes, ne suo superessent domino, propter corpus ejus mortem oppetere voluerunt ; quod probat, ut Xenophon animadvertit, quanto amore illum prosequerentur. Artaxerxes caput et dexteram ei præcidi jussit. Is fuit junioris Cyri exitus.

THEMA SEPTUAGESIMUM QUINTUM.

Quot et quantæ Græcis perrumpendæ fuerunt difficultates, cùm, devicto occisoque Cyro, è Persiâ in suam redivêre patriam ! Cùm Tigrim, ob ejus altitudinem, trajicere non potuissent, montes præaltos coacti sunt transcendere. Ex istis vero vix septem post dies descenderunt, cùm amnis ducentis latus pedibus illis occurrit. In rerum articulo eò magis deplorando versati sunt, quòd ipsis certandum erat adversùs hostes ipsis instantes, et adversùs milites indigenas alteram amnis ripam occupantes. Hunc tamen absque multo dispendio trajecerunt. Tigrim deinde ad caput transeunt. Per quemdam captivum certiores facti, Tiribazum, satrapam regi carissimum, ipsos aggressurum esse in angustiis ipsis necessariò superandis (*ou bien :* quâ ipsis necessariò transeundum erat), istas priores, fugato hoste, occupaverunt. Postquam aliquot diebus per solitudines iter habuissent, Euphratem ad caput, aquâ vix attingente cingulum, transierunt. Dein graviter vexati sunt boreæ afflatu, qui, vultum eorum verberans, illis intercludebat spiritum. In nive quinque aut sex pedes altâ incedebant; quod multis calonibus, multisque jumentis, et insuper triginta militibus exitio fuit. Per totam noctem materiam igni præbuerunt : namque affatim lignorum erat.

THEMA SEPTUAGESIMUM SEXTUM.

Totâ die posterâ in nive adhuc incessum est, adeò ut multi improbâ confecti fame, quæ languorem animæque defectionem gignebat, in viis jacerent. Illis præbitus cibus levamento fuit, et ire perrexerunt. Hostis iis constanter instabat. Deprehensi multi absque igne absque cibariis in viis manebant, adeò ut nonnulli interierint. Plures oculis, alii pedum digitis ob nivem capti sunt. Commodiorem tandem nacti locum, per vicinos dispersi sunt pagos, ubi repertum est undè vires reficerent. Exercitus, postquam dies septem his in pagis otio se dedisset, rursùs in viam se dedit. Plures adhuc montes transcendendi fuerunt, pugnandumque fuit adversùs incolas armatos ut ipsius transitum inhiberent. Hos verò fugavit, postque itineris dies multos, in montem altum adventum est, unde mare prospiciebant. Tunc cuncti milites conclamare : *Mare, mare*, nec poterant lacrymas non fundere, præfectos suos ducesque amplexando. Indè ad Colchicos montes progressi sunt, superatoque altissimo, invitis quidem indigenis istum occupantibus, pergentes castra posuerunt in pagis, ubi fuit cibariorum abundantia.

THEMA SEPTUAGESIMUM SEPTIMUM.

Cùm plura ibi essent alvearia, mel edere milites cœperunt; id illos, haud quidem absque somniis, sursùm deorsùmque exercuit; hinc horrendùm consternatus est exercitus. Alii haud ità graviter ægrotantes ebriorum, aliique furentum ac moribundorum hominum speciem exhibebant. Terram veluti post cladem videres constratam corporibus. Nemo tamen interiit, et die postero abiit morbus ferè eâdem horâ quâ ingruerat. Cùm in eo essent ut Græciam attingerent, recensus est exercitus, qui octies mille sexcentorumque hominum numerum æquabat, ità ut circiter mille et quadringenti homines tum labore aut morbo, tum suis vulneribus interiissent.

Huncce decem millium Græcorum receptum omnes semper admirati sunt; adeò ut multò post Antonius, quem ferè in eâdem regione Parthi insequebantur, similique versatus in periculo, tàm invictum animum mirabundus exclamaverit : *O decem millium receptus!*

Clearchus aliique quatuor præfecti Græci, qui juveni Cyro militaverant, per insidias apprehensi ducti fuerant ad regem Artaxerxem, qui illos obtruncari jussit.

THEMA SEPTUAGESIMUM OCTAVUM.

Artaxerxes ratus suâ manu occisum fuisse Cyrum, illud facti tanquam suæ vitæ præclarissimum jactabat. Quapropter cuidam militi Carico qui profiteri ausus fuerat à nullo alio quàm à se Cyrum occisum fuisse tàm abjectè quàm crudeliter rex invidit. Non erubuit illum permittere Parysati matri suæ quæ juraverat in omnes qui filii necis fuerant participes. Barbaræ ultioni in totum serviens, jussit miserum istum decem per dies acerbissimis torqueri doloribus, illique effossis oculis, æs liquefactum in aures ejus effundi, donec crudeli isto supplicio expiraret : quod quidem patratum est.

Mithridates, qui pariter jactabat in convivio in quo vino incaluerat, se lethalem ictum Cyro inflixisse, alveorum supplicio mulctatus est; et per septemdecim dies longo tortus cruciatu, tandem licèt quàm difficillimè expiravit.

Parysatis, ut suam ultionem planè exsaturaret, solerter egit ut sibi permitteretur eunuchus Mesabates, qui jubente rege, Cyro caput manumque præciderat. Vix ille ipsi permissus fuit, cùm eum tradidit tortoribus, qui vivo pellem detraherent.

THEMA SEPTUAGESIMUM NONUM.

Parysatis, à morte juvenis Cyri, filii sui, reginam Statiram, Artaxerxis conjugem, pejus quàm cùm pessimè oderat. Dubitabat minimè quin, quantamcumque ad se-

3.

metipsam rex adhiberet reverentiam Statira, utpotè
conjux, ab eo magis, diligeretur, ideòque hæc multò
majori valeret gratiâ. Soli ergò suæ parens invidiæ,
æmulam adeò formidandam, quoquo pretio, de medio
tollere decrevit. Quò certius rem assequeretur, in gratiam
reditum cum nuru suâ simulavit; et quantocunque istius
odio intùs arderet, huic sinceræ benevolentiæ signa quàm
minimè ambigua in speciem præbuit. Ambæ reginæ ve-
terum rixarum quasi oblitæ, inter se familiariter agebant,
utraque alteram invisebat, ut anteà, et epulis excipiebat.
Cùm autem neutram fugeret quàm suspectæ sint benevolentiæ significationes apud aulicos, præsertim inter
mulieres, utraque sibi cavebat, adeò ut iisdem cibis, iisdemque offis vescerentur. Quis suspicatus fuisset, quamvis tàm sedulò sibi invigilarent ambæ reginæ, alterutram
ab alterâ deceptum iri? Id tamen evenit.

THEMA OCTOGESIMUM

Parysatis, cùm die quâdam nurui suæ epulas daret,
avem rarissimam apponi jussit; et cùm hanc mediam divi-
sisset, Statiræ dimidiam porrexit partem, alteramque comedit. Statira acerrimis mox oppressa est doloribus, et
cùm a mensâ surrexisset, horrendis obiit convulsionibus.
Rex haud nescius Parysatim esse tàm barbaram ultionis-
que avidam quàm quæ maximè, de crimine diligenter
inquisivit. Omnes matris ejus famuli comprehensi sunt,
tormentorum vim perlaturi. Gigis, Parysatis ancilla, ejusque consiliis intima, cuncta patefecit. Alterum cultri latus
veneno illitum fuerat. Itaque cùm Parysatis duas in partes avem secuisset, sanam partem in os suum illicò inseruit, venenatamque præbuit Statiræ. Gigis damnata est
ad supplicium quo veneficos Persæ mulctabant. Ingenti
lapidi admodùm lato caput suum super imponere jussa
est; illudque alio pulsatum est lapide, donec ex toto ob-
tereretur, nec minimum ejus superesset vestigium.

Parysatim autem rex satis habuit Babylonem mittere,
uti illa petiverat, illique asseveravit, quandiu ibi degeret,
se nunquam eò pedem illaturum.

THEMA OCTOGESIMUM PRIMUM

Artaxerxes, Persarum rex, adversùs Cadusios ipse incessit cum trecentis millibus peditum, equitumque decem millibus. In Cadusiorum regionem vix nonnihil progressus est, cùm exercitus ejus horrendâ conflictatus est penuriâ. Nihil præstò erat copiis undè alerentur. Nec aliundè transvehi poterant cibaria, adeò difficiles erant viæ atque impeditæ. Solummodò igitur jumentis occisis vescebantur milites, moxque adeò rara facta sunt, ut asini caput sexaginta drachmis valeret. Cæteris usu absumptis, pauci tantùm equi superabant. In istâ expeditione, rex toti suo exercitui admirationem movit. Quamvis totus auro colluceret, quamvis togâ indueretur purpureâ, quamvis vestimenta fulgerent gemmis, quæ talentorum duodecim millibus æstimabantur, nihil eorum impedimento erat quin ille, veluti miles gregarius, labori se dederet. Illum videres, pharetram humero, bracchioque suum clypeum gerentem, abjecto equo, omnibus præeuntem, in istis asperis arduisque itineribus. Cujus patientiam animumque mirati milites, necnon exemplo accensi, adeò leves fiebant, ut pennis instructi viderentur. Singulis diebus ducenta stadia, scilicet plus septem leucas, percurrebat.

THEMA OCTOGESIMUM SECUNDUM

Adventum est tandem in unum è prædiis regiis in quo erant horti cultissimi ac septum peramplum, eòque mirabilius, quòd circumjecti campi nudi erant ullâque sinè arbore. Ob hiemem jam mediam, frigusque immodicum, sivit rex ut in suo septo ligna cæderent milites, haud par centes speciosissimis arboribus, nec pinis, nec cupressis. Cunctantibus autem militibus arbores cædere quarum venustatem ac proceritatem mirabantur, rex ipse, apprehensâ securi, arborem quæ speciosissima ac procerissima ipsi visa est, cœpit succidere : tunc quidem milites nulli pepercerunt arbori ; et postquam quidquid ligni sibi necessarium erat secuêre, tot ignes accenderunt, ut noctem absque ullo incommodo traduxerint. Quis hanc Artaxerxis suos ergà milites benignitatem non miretur, præsertim si attenderimus quousquè hortorum suorum amœnorumque prædiorum illecebris magnates irretiantur ! Attamen, quis credat? princeps ille putans se ob improsperam expeditionem in contemptionem venisse, in aulæ suæ prin-

·cipes adeò morosus factus est, ut multos iræ impetibus
neci dederit, plures autem suspicione ac metu ne quid in
seipsum molirentur.

THEMA OCTOGESIMUM TERTIUM

Annon mirum est tot præstantes viros, tot claros duces, tot doctos philosophos, ineptis aruspicum deliriis
fidem adhibuisse, cùm ista, utpotè prorsùs ridicula, as-
pernari debuissent?

Plutarchus, quis credat? Plutarchus vir cæterà tanti
æstimandus, fatetur se quodpiam ob somnium ovis diù
abstinuisse. Quid istud somnii? Nos latet, quandoquidem
id nos edocere ipsi non placuit.

Prusiæ Annibal suadebat ut prælium committeret; at
ille princeps, inspectis cujusdam victimæ extis, dubitabat
nescius quid ageret. « Mihi planè mirum est, tunc ait illi
« Annibal, qui simplicitatem ejus non demirari non po-
« terat, quòd magis pecudis jecori quàm veteri impera-
« tori confidas. »

Alexander Delphos iverat deum consulturus; templum
ingredi sacerdotissa cunctabatur, causam afferens nefas
esse die istâ deum oracula edentem interrogare. Alexander nihil curans an fausta nefastane dies esset, sacerdotem bracchio apprehendit, hanc in templum rapturus.
« Heu! fili mi, tunc illa exclamavit, nullus tibi valet re-
« sistere; seu, ah! fili mi, tu invictus es. » Alexander
auditis verbis admodùm contentus, dixit sibi satis esse
illud oraculi.

THEMA OCTOGESIMUM QUARTUM

Marcellus, postquàm quintùm consul fuisset, augur nominatus est. Scisne quid ageret, ne sinistro avium volatu
detineretur? Ipse nos docet se suâ in lecticâ sartum et
tectum habuisse.

Cùm Crœsus, mox Medos adorturus, Delphicum consuluit oraculum, ut istius belli exitum prænosceret, illi
responsum est: eum magnum imperium eversurum esse.
Ipsi augurandum fuit an suum hostiumne imperium ever-
surus esset. Ità quidem dæmones qui futura per se ipsos
nequeunt cognoscere, ambiguis utebantur vocibus, tum

ut suam celarent inscitiam, tum ut ethnicorum credulitati illuderent.

Tertullianus falsorum numinum cultores sic compellare non dubitabat : « Per nos licet ut christianum vos « neci detis, nisi oraculorum datores, ab illo coacti, se « solummodò dæmones esse fateantur. »

Cùm Julianus, suæ desertor fidei, venisset Apollinem consulturus, deus iste, quamvis ipsi sacra fecisset imperator, obmutuit; interrogatus autem quarè sileret, loquelam recepit ad respondendum, quosdam mortuos in proximo sepultos obstare ne voces proferret. Qui mortui christiani erant martyres, è quibus erat divus Babylas.

THEMA OCTOGESIMUM QUINTUM

Polydamas, unus inter clarissimos Græciæ athletas, leonem è ferocissimis, solus inermisque in monte Olympo occidit. Aliàs, cùm taurum alterutro pede posteriore apprendisset, id animalis evadere non potuit, quin pedis sui cornu in illius athletæ manu exueret. Si quandò currum retrò sustinebat (1), equos, ut progrederentur, frustrà verberibus increpabat rhedarius. Darius Nothus, Persarum rex, virum tàm portentoso robore videndi cupidus, hunc Susa accersivit. Tres illi objecti sunt milites, qui in rebus bellicis exercitatissimi habebantur. Polydamas cum tribus istis congredi haud dubitavit, singulosque occidit.

Tum apud Græcos tum apud Romanos nonnulli exstiterunt cursores suâ velocitate celeberrimi. Philippides, intrà biduum, Athenis Lacedæmonem, aut Lacedæmone Athenas, se conferebat, quamvis urbes istæ septem et quinquaginta leucis inter se distarent. Id quidem mirum videbatur, ait Plinius, priusquàm Lacedæmonius Anystis, Philonidesque, Alexandri magni cursor, Sicyone Elidem diurno se conferrent spatio, quamvis hæc ab illâ sexaginta leucis distaret. Narrant quemdam puerum novem annos natum, regnante Nerone, à meridiano tempore ad vespertinum currendo, triginta leucas percurrisse.

THEMA OCTOGESIMUM SEXTUM

Quis non abhorreat barbariem Romanorum, quibus,

(1) *Quem si arcessebam, abibat.*

tum cùm vexarentur christiani, gratum præbebant spectaculum à belluis dilaniati senes, pueri, mulieres, virgines teneræ, quorum ætas infirmitasque durissimis cordibus vulgò concitant misericordiam?

Romanis voluptati erat, gladiatorum pugnæ interesse, hominumque adversùs ursos et leones prælio, sauciatorum morientiumque audire ejulatus, humanumque sanguinem undique manantem aspectare. Haud item de Atheniensibus Romanos humanitate multò præstantibus. Cùm prioribus quidam suaderet, ut suâ in civitate gladiatoriam pugnam instituerent : « Ergò priùs evertenda « est, ex illis unus exclamavit, ara quam majores nostri, « à mille annis et ampliùs, Misericordiæ erexerunt. »

Ego lubenter video Agesilaum, post insignem de Græcis relatam victoriam, acerrimo percitum dolore. Hunc lubenter audio suspirantem, singultum edentem exclamantemque : « Heu! infelicem Græciam! quæ sibi aufe- « rat sicque det neci fortes tot cives, per quos, vel solos, « omnes barbaros potuisset devincere. »

Athenienses videntes sibi impendere barbarorum eluviem, suas diruerunt domos, è quibus naves ædificarent; mulieresque lapidibus obruerunt civem censentem, magnum regem, nempe Persarum, vectigali aut clientelâ placandum esse.

THEMA OCTOGESIMUM SEPTIMUM

Cum poeta Æschilus aperto in campo, nudato capite, dormiret, aquila, ut perhibent, in caput ejus quod quidem putavit rupem esse, emisit testudinem quæ illud ei confregit. Dicendi locus est galericulum ei vitam servaturum fuisse.

Duo poetæ tragici erant Sophocles Euripidesque : prioris stylus splendidior est ac grandior; posterioris autem tenerior movendisque animis aptior, adeò ut nos prætereat uter utri præstet, palmamque mereatur. Item de duobus poetis gallis admodùm celebribus.

Videtur poeta Aristophanes haud multam ad ficta numina adhibuisse reverentiam : quâdam in fabulâ Mercurium exhibet fame intereuntem, janitoris aut tabernarii munus apud homines appetentem; uno verbo, ad omnia paratum potiùs quàm ad repetendum cœlum. In aliâ fabulâ Herculem depingit totis trahentem naribus carnis assæ odorem, quem magis jurulentum quàm thuris judicat, postulantem ut sibi liceat in culinâ ad verú versandum domicilium collocare. Poeta ille apprimè intelligebat sibi ab istius modi diis nihil metuendum esse. Illud ego demiror, quòd Athenarum cives clarissimos potentissimosque intemperanter in theatro irridere ausus fuerit.

THEMA OCTOGESIMUM OCTAVUM

Cum jubente necnon præsente Alexandro Pheræo, ageretur quædam poetæ Euripidis comœdia, ille, licèt admodùm barbarus, adeò commotus fuit, ut exspectare non potuerit donec completa fuisset fabula. Istum pudebat, ut ipse fassus est, quòd Herculis atque Andromaches lugeret infortunia, cùm ipse quàm plurimos suos cives immisericors mactavisset.

Dionysius major sancta jura tum naturæ tum religionis pedibus obterebat, cives suos dirissimis torquebat suppliciis, alios plectebat capite, alios unum ob verbum comburebat; humano saginabatur sanguine; atque ut feram expleret crudelitatem, nulli ætati nullique ordini parcebat.

Cùm Hermocrates Syracusas undè expulsus fuerat, armatus iterùm ingredi voluisset, in prælio cecidit. Istius consciis è quibus erat Dionysius, neutiquam Syracusani pepercerunt. Multi palàm ultimo affecti sunt supplicio; periissetque Dionysius, qui inter sauciatos remanserat, nisi ejus proximi consultò dedissent operam ut mortuus haberetur.

Cùm ad Rhegienses confugisset Dionysius, ut ab illis puellam sibi uxorem posceret, illi, postquàm hâc de postulatione diù deliberavissent, ei respondere ausi sunt se nullam aliam quàm tortoris filiam ei offerendam habere. Memoriæ proditum est istud acerbi dicterii urbi exitiosum fuisse.

THEMA OCTOGESIMUM NONUM

Dionysius qui, dùm urbem Rhegium obsideret, graviter vulneratus fuerat, in Phytonem, hostilium ducem copiarum, iram effudit. Cujus filio in mare projecto, die

posterâ Phytonem ad extrema tormenta altissima jussit
alligari, toti conspiciendum exercitui ; tunc fecit ut sciret
suum filium pridiè in mare datum fuisse præcipitem. *Me
uno die fuit felicior*, respondit pater ille infortunatus.
Deindè illum totam urbem circumduxit, dùm virgis cæ-
deretur, omnibusque vexaretur contumeliis, et clamante
præcone ità haberi istum perfidum ac proditorem, quòd
Rhegienses ad rebellium incitavisset. « Imò dic, excla-
« mabat magnanimus ille defensor libertatis, quem
« proxima mors magis impavidum efficiebat, nedùm per-
« terreret, dic sic accipi fidum civem, quòd suam urbem
« suamque patriam tyranno non tradiderit. » Quo sermone et spectaculo adeò commovebantur adstantes ipsique Dionysii milites, ut nequirent à lacrymis temperare.
Tyrannus metuens ne sibi suus captivus eriperetur,
priusquàm suam adversùs eum explêsset ultionem, illum
jussit in mare illicò projici.

THEMA NONAGESIMUM

Philoxenus, cùm Majoris Dionysii mensæ olim accum-
beret, attenderetque sibi pisciculum, regi autem imma-
nem piscem appositum fuisse, pisciculum ad aurem suam
haud inconsultò admovit. Interrogatus quorsùm spectaret
istud joci : « Ego scilicet, ille respondit, quædam Nerei
« temporibus acta velim scire ; iste verò maris incola
« junior est quàm ut mihi respondeat. Cùm tuus ætate
« sit multò provectior, haud dubium quin quod quæro
« compertum habeat. »
Dionysius, cùm caput suum suamque vitam tonsori
non auderet credere, istud abjecti muneris suis filiabus
adhuc juvenibus commisit : cùmque adolevissent, illis
forfices novaculamque abstulit, easque edocuit barbam
et capillos juglandium putaminibus sibi adurere : tandem
cùm vel suis filiabus diffidisset, illud officii sibi ipse
præstare coactus est. Princeps iste suo fratri ipsique suo
filio sui cubiculi introitu interdicebat, nisi mutavissent
vestem, eosque custodes excussissent. Num regnat, num
vivit qui sic in pavore assiduo vitam exigit ? Cùm aliquid.
remedii soporiferi poposcisset, quodpiam ei paraverunt
medici adeò efficax, ut omnes ejus consopiverit sensus,

nulloque intervallo interjecto, mortem cum somno consociaverit.

THEMA NONAGESIMUM PRIMUM

Cum percrebuisset Dionem adversùs Syracusas procedere, Timocrates, qui cum ipsâ Dionis uxore, Dionysii sorore, conjugium inierat, quique urbi, absente tyranno, præerat, ad hunc in Italiam cursorem misit, ut de Dionis adventu litteris eum certiorem faceret. At cursor ille, cùm jamjam esset adventurus, adeò defatigatus fuit, quòd multam noctis partem cucurrisset, ut paulisper dormiendi gratiâ, gradum sistere coactus fuerit. Per somnum ejus, lupus carne ad saccum illius alligatâ allectus, accurrit, carnemque et saccum litteras continentem abstulit. Quâ de causâ Dionysius serò atque ex aliis de Dionis adventu audivit.

Sua Dioni conjux suaque soror, minimè dubitantes quin Callipus cui ille quantùm cui maximè confidebat, ipsius vitæ insidiaretur, suaserunt ut istum trucidaret. At Dion, Heraclidis nece noctes diesque excruciatus, respondit se malle millies mori, et cuique qui ipsum vellet occisum cervicem præbere, quàm vivere singulis coactum diebus non tantùm ab adversariis, sed etiam à sibi intimis præcavere. Aliquantò post per insidias militum Callipo planè deditorum interfectus fuit. Proditor iste posteà eodem, ut perhibent, quo Dion antè, pugione confectus est.

THEMA NONAGESIMUM SECUNDUM

Ex omnibus stratagematibus quorum meminit historia, nullum novi magis memorandum quàm quo Pelopidas cæterique conjurati urbem Thebas tyrannide exemerunt. Aliquot adolescentes muliebri vestitu induti, ingressi in œcum ubi libertatis oppressores gaudio exultabant, omnes convivas trucidaverunt.

Agesilaus, Spartæ rex, pater tenerrimus atque ergà liberos suos maximè obsequiosus habebatur. Narrant illum cum iis adhuc parvulis lusisse, atque in arundine equitavisse. Quo in statu à quopiam è suis amicis depre-

hensus : « Rogo te, ait ei Agesilaus, ut nulli indices,
« priusquàm ipse pater factus fueris. »

Æmuli Timothei, cui pater illustris Conon, ut infringe-
rent gloriam quàm ille sibi prosperè gestis acquisiverat,
operam dederunt ut hic imperator in tabulâ dormiens
depingeretur, dùm Fortuna inferiùs posita illi urbes cas-
sibus prehenderet. Cùm autem Athenienses sexaginta
navium classi illum præfecissent, suis æmulis apprimè
probavit se neutiquam sopitum esse.

THEMA NONAGESIMUM TERTIUM

Cùm Thebani Spartanos obvios habuissent, quispiam
totis currens viribus Pelopidæ dixit : « In hostium manus
« nos incidimus. — Quin dicis potiùs in nostras hostes
« incidisse ? » Et quidem Spartani, numero licèt longè
superiores, à Thebanis devicti fuerunt.

Apud Lacedæmonios, omni interdicebatur munere militibus qui terga verterant, cuique eos habenti obvios jus
erat illos percutiendi, nec illis tamen vim vi repellendi ;
præterèà togam nisi squalidam ac laceratam induere haud
poterant. Tandem dimidiam barbam abradere dimidiam-
que pascere tenebantur.

Metuebat Epaminondas, ne Alexander Pheræus, æquè
barbarus ac qui maximè, in Pelopidam quem captivum
fecerat, suam ex toto rabiem, veluti bellua, converteret.
Suæ igitur gloriæ amici sui præponens salutem, quamvis
per ipsum unum staret quominùs acriter bellum urgeret,
id longiùs ducere decrevit.

Agesilaus diù contemplatus Epaminondam, qui flumen,
licèt violentum ac perfrigidum primus transnatabat, non
potuit quin exclamaret : Quantus vir ille est !

THEMA NONAGESIMUM QUARTUM

Nescio an unquàm Alexandrum Pheræum ullus homo
feritate superaverit : isti voluptati erat homines vivos
terrâ obruere ; in alios, aprorum ursorumque tectos pellibus, suos canes venaticos immittebat, qui eos laniarent ;
aut ipse illos sagittis interficiebat.

Thebê, quæ sui mariti crudelitatem ac perfidiam, quantùm qui maximè, detestabatur, isti necem cum tribus

suis fratribus machinata est. Eò magis ardua erat res,
quòd tyranni palatium excubitoribus totam noctem vigi-
lantibus redundabat. At illis iste adeò non fidebat, ut
istos plus quàm cæteros homines formidaret, quandòquidem quasi penès eos erat ipsius salus. In summo cubabat
cubiculo, quò scalis ascendebatur. De proximò stabat in
excubiis immanis molossus catenâ illigatus. Terrori erat,
neque ullum noverat nisi herum, heram, solumque servum cibum sibi præbentem.

Cùm adfuit tempus ad rem patrandam constitutum,
Thebe suos fratres in conclavi vicino interdiù includit.
Cùm in suum noctu ingressus fuit tyrannus, extemplò,
utpotè cibo vinoque onustus, arctè graviterque dormivit.

THEMA NONAGESIMUM QUINTUM

Paulò post Thebe egreditur, jubet servum molossum
foràs abducere, quò placidiùs ipsius conjux quiescat ; ne
autem scalæ per quas scandendum erat streperent, dùm
ascenderent ipsius fratres, gradus lanâ intexit. Omnibus
ità paratis, suos fratres, pugionibus armatos, hortatur ut
quàm maximè placidè ascendant. Fores assecuti, tantâ
percelluntur formidine, ut jam progredi non audeant.
Thebe sui haud compos, denuntiat se illicò Alexandrum
è somno excitaturam esse, eique ipsorum consilium re-
velaturam. Illi tum pudore tum metu animum exsusci-
tant : illos Thebe introductos juxta lectum deducit, dùmque ipsa lampadem tenet, illi tyrannum validis pugionibus
percussum interficiunt. Istius de nece mox in urbe auditum est. Cadaver primùm cunctis patens contumeliis,
subditorumque pedibus conculcatum, canibus ac vultu-
ribus prædæ instar permissum est. Iste fuit exitus unius
è crudelissimis tyrannis qui unquàm exstiterint.

THEMA NONAGESIMUM SEXTUM

Certior factus Epaminondas Agesilaum cum exercitu
incedere, audacissimum facinus meditatus est. Noctu
cum suo exercitu proficiscitur, rectè, non eâdem quam
tenebat Agesilaus viâ, Spartam tendit. Minimè dubitant
quin urbem haud muris septam, nudam præsidio, copiis-
que destitutam, primo aditu atque adventu occupaturus

fuisset. Agesilaus autem hoc de incœpto per quemdam
Cretensem certior factus, illicò equitem misit, qui urbem
de periculo ipsi impendente admoneret, ipseque haud
multò post pervenit. Vix eò advenerat, cùm viderunt
Thebanos amnem trajicientes, atque in urbem proce-
dentes. Epaminondas, patefactum cernens suum consilium, aliquid tamen tentandum censuit, priusquàm abscederet. Suis igitur cum copiis procedit, atque pro astutiâ
expromens fortitudinem, hinc et illinc urbem oppugnat,
mediumque in forum procedit. In orbem volvitur Agesilaus, multòque fortiùs quàm ferebat senium, vim vi
repellit. Hujusce filius Archidamus qui juvenibus præerat
Spartanis, ubi acriùs urgebat periculum, illic aderat,
atque ubique hosti obsistebat.

THEMA NONAGESIMUM SEPTIMUM

Quidam juvenis Spartanus, nomine Isadas, illâ die po-
tissimùm inclaruit. Neque galeatus, neque clypeatus,
oleo relucente corpore, hastam alterâ manu, alterâque
gerens gladium, domo irrumpit per Spartanos dimi-
cantes, in hostes irruit, quemque sibi obstantem invul-
neratus ipse dejicit. Ferunt post pugnam Ephoros illi in
virtutis præmium coronam decrevisse ; deindè verò mille
drachmarum, ceu quingentarum librarum, mulctam ei
irrogavisse, quòd inermis tantum discrimen adire ausus
fuisset.

· Epaminondas spiculo trans loricam impetitus protinùs
concidit. Tùm verò Lacedæmonios inter et Thebanos
circà illum acriùs renovatum est prælium ; dum omni
ope atque operâ eniterentur, illi quidem ut vivum ap-
prehenderent, hi verò ut eum à morte servarent. Posteriores tandem, fugatis hostibus, auso potiti illum abstu-
lerunt.

Quanta fuit Thebanorum consternatio, cùm chirurgi,
perpenso Epaminondæ vulnere, denuntiaverunt illum,
extracto ferro quod in eo remanserat, animam statim
efflaturum esse !

THEMA NONAGESIMUM OCTAVUM

Nicocles, Salaminis rex in insulâ Cypro, sibi data con-

silia libenter accipiebat, nedùm istis offenderetur ; utque
Isocrati se memorem præberet, viginti talentis, seu num-
morum viginti millibus, illum donavit.

Iphicratem, absque controversiâ dignum qui in claris-
simorum Græciæ ducum numero habeatur, sutor quidam
genuerat. Ille tamen Cotys Thraciæ regis filiam uxorem
duxit. Civis quispiam qui majorem suorum nomen ultrà
modum jactabat, suum Iphicrati genus ignobile expro-
brare ausus est. « Fateor, respondit Iphicrates, à me
« oritur familiæ meæ nobilitas, tuæ verò in te desinit. »

Aristophon, Atheniensis dux, Iphicratem arguere ausus
est, classis cui præerat proditorem fuisse. Suâ nixus famâ
Iphicrates ab eo quæsivit : « Isne tu fuisses qui istius
« modi proditionem patrares ? — Haud fuissem, respon-
« dit Aristophon : ego probior sum quàm ut in me cadat
« istud sceleris. — Quid ergò, tunc reposuit Iphicrates,
« quod abhorruisset Aristophon, istud Iphicrates potuis-
« set patrare ? »

Ochus unum è suis avunculis centumque hujus filios et
nepotes, in areâ inclusos, omnes sagittis interfici jussit,
ideò duntaxat, quia principes illi tum ob suam probi-
tatem tum ob fortitudinem à Persis permagni æstimabantur.

THEMA NONAGESIMUM NONUM

Naves suas incenderant Sidonii, ubi Ochi, Persarum
regis, copias adventantes viderant, ut ablatâ omni aliâ
salutis spe, cuique necesse foret quàm acerrimè dimicare. Ut primùm se à duce suo ac rege proditos viderunt,
atque hoste urbis potito, neque mari neque terrâ ullum
esse effugium, desperatione affecti, suis domibus se in-
clusêre, ac illis ignem injecerunt. Ferunt, præter mulieres ac pueros, hominum quadraginta millia ità periisse.
Quorum rex, ob suam proditionem, haud meliori dignus
erat sorte. Et quidem Ochus, haud minùs quàm iste perfidus, vix Sidone potitus est, cùm illum neci dedit.
Sidone, quandò evenit istud calamitatis, erant opes im-
mensæ, adeò ut vi ignis liquefacto auro et argento,
Ochus hujusce urbis infortunatæ cineres permagno pretio
vendiderit.

THEMA CENTESIMUM

Ochus, ut Ægyptios irrideret, deum Apim, nempè taurum quem stulti adorabant, occidi jussit. Cùm esset princeps ille æquè piger gravisque ac crudelis, huic Ægyptii dederant cognomen contumeliosum stupidi animalis, cui similis iste ipsis videbatur. Quâ exasperatus contumeliâ denuntiavit ipsos olim experturos se haud asinum esse, sed leonem, atque ab asino quem tantoperè aspernabantur, eorum bovem comestum iri. Idcircò eorum deum Apim suo templo extractum, asinoque immolatum, à coquo condiri jussit, ut deindè palatii sui ministris apponeretur. Istud rei Ægyptium Bagoam graviùs quàm quemlibet alium exasperavit, atque iste eò sceleris venit, ut Ochum veneno necaret. Præterea pro regis corpore aliud sepeliendum curavit; et quia Ochus deum Apim suis edendum apposuerat, istius cadaver minutatim concisum felibus edendum apposuit. Ossa verò in cultrorum gladiorumve capulos converti jussit, quod erat istius crudelitatis effigies. Iste fuit exitus Ochi, Persiæ regum crudelissimi.

THEMA CENTESIMUM PRIMUM

Quantocunque amore complecteretur Timoleon fratrem suum Timophanem, cui vitam suæ periculo servavit, suæ tamen amantior erat patriæ. Cùm frater ille Corinthi tyrannidem occupâsset, ob istam perfidiam percitus fuit dolore Timoleon; et frustrà omni ope atque operâ enixus ut illum suum ad officium revocaret, eum à duobus è suis amicis interficiendum curavit. Illud facinoris principes Corinthi cives, necnon plerique philosophi admirati sunt; cæteri autem id ei tanquam abominandum parricidium exprobraverunt. Mater jejus præsertim, acerrimo dolore percita, horrendas admodùm exsecrationes in eum protulit. Tùm verò Timoleon in Timophane jam non tyrannum, sed fratrem videns, sui sceleris atrocitatem persensit, atque sævissimis conscientiæ stimulis agitatus est. Jam vitæ haud patiens, cibo abstinere statuit, suique eum amici à proposito tàm funesto haud ità facilè deterruerunt. Per loca admodùm deserta vagabatur animi

ægritudine perpetuò confectus, teterrimâque oppressus
mœstitiâ. Adeò verum est comprimi non posse istum
conscientiæ clamorem, simul testem, judicem ac torto-
rem eorum qui sanctissima naturæ jura audent infringere.

THEMA CENTESIMUM SECUNDUM

Dionysius Junior, Syracusarum tyrannus, procul dubio
non existimabat se olim ad summam redactum iri inopiam, atque ex Siciliæ rege, Corinthi ludimagistrum
factum iri. Cuidam, quasi jocandi causâ, ab illo quærenti,
quid ipsi profuisset summa Platonis sapientia : « Ego
« didici, respondit Dionysius, meum æquo animo pati
« infortunium. » Vix credunt nonnulli eum fuisse Diony-
sium qui adeò rectè responderet.

Nicon, athleta famosus, in solemnibus Græciæ ludis
millies et quadringenties tanquam victor coronâ redimi-
tus fuerat. Cujus post obitum, unus inter ejus æmulos,
illius statuæ insultavit, eamque multis ictibus percussit,
procul dubio, ut vindictam exigeret eorum quos à viro
figurato acceperat. At statua, quasi istius convicio commota, ex toto in contumeliæ auctorem concidit eumque
occidit. Obtriti hominis filii statuam ex formâ juris per-
secuti sunt, tanquam homicidii affinem, pœnâque dignam
ex quâdam Draconis lege. In mare igitur projecta est
statua. Sed aliquot post annos, hinc tamen extracta est,
horrendam ob famem quæ regionem devastavit, illique
novi honores exhibiti fuerunt.

THEMA CENTESIMUM TERTIUM

Timoleonte Syracusarum potito, omnium tyrannorum
qui illud urbis administraverant signa sub hastâ vendita
sunt : Gelonis, æquè benefici atque æqui principis, soli
signo parcitum est.

Icetas ejusque filius, tanquam tyranni ac proditores,
morte mulctati sunt. Illius conjux atque filiæ, Syracusas
adductæ, pariter capite damnatæ fuêre, ultimoque
affectæ supplicio. Minimè dubitant quin populus Dionem,
primum sui liberatorem, sic ultum voluerit. Namque Ice-

tas iste Dionis uxorem, ejusque sororem, atque ipsum filium, licèt infantem, in mare projecerat.

Illud probat quantùm Timoleontis memoriam venerarentur Syracusani, quòd præstituerint, quoties adversus exteros Siciliæ dimicandum foret, ducem Corintho arcessitum iri.

Ægerrimè ferebat Demosthenes, quòd Athenienses, dùm adversùs Philippum validas copias deberent cogere, perpetuò in foro deambularent, invicem quærentes, quid novi apportaretur.

Si fidem adhibeamus Philippo, digno sanè qui hâc de re credamus, sola Demosthenis facundia majori illi erat detrimento quàm omnes Atheniensium classes et copiæ.

THEMA CENTESIMUM QUARTUM

Philippus, quamdam in Thraciâ urbem obsidens, singulari admodùm casu uno oculo captus est. Aster illi sese, velut solertissimum sagittarium, obtulerat, adeò ut aves vel celerrimè volantes nunquàm non attingeret. « Qua-« propter, respondit ei Philippus, te utar cùm sturnis « bellum inferam. » Philippo istud dicterii magno constitit. Namque sagittarius joco admodùm exulceratus, in oppidum se injecit, in illum arcu emisit sagittam in quâ scripserat : *Dextrum Philippi oculum appeto;* crudeliterque ei probavit se solertissimum esse ; namque dextrum oculum ei reipsà effodit. Illi Philippus eamdem sagittam cum istis inscriptis verbis remisit : « Philippus, si oppi-« dum occupabit, Asterum suspendendum curabit ; » stetitque promissis.

Peritus chirurgus ex Philippi oculo sagittam tantâ evulsit solertiâ, ut nullum vulneris remanserit vestigium : oculumque si non servavit, saltem fœditatem abstulit. Attamen, quis credat? princeps ille non irasci non poterat, quoties ipso præsente vox *cyclops* imò vox *oculus* proferebatur. Quantò præclariùs sapiebat quædam mulier Spartana, cùm ad solandum suum filium, ex accepto honorifico vulnere claudicantem, sic eum alloqueretur : « Agedum, « mi fili, jam passum non potes proferre, quin tuæ forti-« tudinis tibi refricet memoriam. »

THEMA CENTESIMUM QUINTUM

Cùm rus peteret Phocion, aut in castris versaretur, nudis semper incedebat pedibus, nec palliatus, nisi immodicum esset frigus nec tolerabile; adeò ut per jocum dicerent milites : « *Vestem* sibi induit Phocion, asperæ « signum est hiemis. »

A Phocione concionem jamjam habituro olim quæsitum est quare cogitabundus videretur : « Reputo mecum et « cogito, respondit ille, an meam orationem nonnihil « contrahere valeam. »

Demosthenes, licèt valdè facundus, Phocionem tamen formidabat; quem securi verbis suis omnem vim tollenti æquiparabat.

Invictus habitus fuerat Philippus, donec ipsi res esset cum Phocione, quo cogente, Byzantii obsidione abstitit. Tùm verò ab illo principe Scythis bellum illatum est : quorum exercitum, quantumvis numerosus foret, haud ægrè devicit.

Quo ictu in femore sauciatus est Philippus, cùm adversùs Triballos dimicaret, eo equus ejus suffossus est. Fortior erat Alexander, quam ut patri ab hostibus mox trucidando festinanter non subveniret. Illum clypeo texit suo, omnesque in eum irruentes occidit aut fugavit.

THEMA CENTESIMUM SEXTUM

Athenienses tanto odio habebant Thebani, ut non veriti fuerint gravem mulctam Pindaro irrogare, quod in quodam opere dilaudavisset urbem Athenas, quod Græciæ propugnaculum vocabat.

Pitho facundiâ longè præstabat cæteros legatos quos Thebas misit Philippus, quique præ illo quasi balbutiebant. Haud tamen is fuit qui se æquipararet ad Demosthenem, principem eorum quos in eamdem urbem Athenæ miserunt.

Philippus animadvertens Athenienses, cùm ab latere ipsius phalangem incurrere illis satius fuisset, acriùs instare iis qui in fugam inclinare cœperant, non potuit quin diceret : *Athenienses vincere nesciunt.*

Omnes fatentur Philippum Alexandrumque nobilibus

inclaruisse facinoribus. Inter se certare videbantur pater
et filius, uter acriùs irrueret, prior in Athenienses, in
Thebanos posterior.

Narrant Demosthenem, abjectis armis, veluti cæteros
fugam cepisse, imò, cùm fugientis toga ad carduum
adhæsisset, illum putavisse se ab hoste corripi, et clama-
visse : *Ne me occidas.*

THEMA CENTESIMUM SEPTIMUM

Philippus, de Atheniensibus ac Thebanis relatâ insigni
victoriâ, ità barbarum se gessit, ut mortuis quibus con-
stratus erat campus insultaret; cùm cuncti adstantes
istud indignè ferentes, nihilominùs silerent, orator
Demades, regis captivus, ausus est illi exponere quantùm ista agendi ratio à rege et victore abhorreret :
Philippus (illius gloriæ causâ fatendum est) Demadem
adeò non aversatus est, ut contrà illum pluris fecerit,
singulari complexus sit benevolentiâ, necnon honoribus
cumulaverit. Ab eo tempore Philippus longè alium ac
anteà se præstitit. Omnes captivos Athenienses, absque
ullo pretio, liberos dimisit; imò plerisque vestes dedit,
studens hâcce benignitate rempublicam Atheniensem,
haud dubiè potentissimam, sibi conciliare. Ita, ait Poly-
bius, triumphum priore sibi clariorem, im utiliorem,
adeptus est. Namque in prælio solos adstantes suâ devi-
cerat fortitudine; hìc autem suâ benignitate, atque clementiâ urbem sibi devinxit totam, cordaque omnium
sibi subjecit.

THEMA CENTESIMUM OCTAVUM

Isocrates, suæ ætatis rhetor celeberrimus, suæ adeò
amans erat patriæ, ut certior factus Philippum de Atheniensibus insignem modò retulisse victoriam, omni cibo
abstinuerit, ne ipsis devictis superstes viveret.

Nonne prorsùs mirum est Demosthenem atque Athenienses immodico sese tradidisse gaudio, cùm audiverunt Philippum per insidias interfectum fuisse, nedùm ob
regis cædem, abominandum sanè scelus, suam indignationem expromerent?

Illud Philippo honori est quòd quempiam mercede

conduxerit qui ipsum, priusquàm causas audiret, sic compellaret : « Philippe, memento te mortalem esse. »

Sui Philippo suadebant aulici, ut pœnâ mulctaret ingratos Peloponnesios, qui ipsum in ludis olympicis palàm exsibilare ausi fuerant. Ille satis habuit respondere. « Quid non facient, illis si malum inferam, cùm me, licèt « de ipsis optimè meritum, irrideant ? »

Philippus à splendido convivio quâdam de muliere judicium fecit, illamque damnavit. Hæc impavidè dixit se ab ejus judicio provocare. « Ad quem igitur, ait Phi- « lippus ?— A Philippo nimiùm poto, respondit interrita, « ad Philippum jejunum.» Philippus adeò non succensuit, ut contrà rem rursùs inspexerit; et cùm agnovisset se injuriàm fecisse, hanc cumulatissimè correxit (ou eluit).

THEMA CENTESIMUM NONUM

Philippum incassùm rogabat quædam paupercula, ut suam audiret causam, litemque quamprimùm dirimeret. Semper respondebat ille sibi otium non esse. Die quâdam tandem commota reposuit : « Si tibi otium non est jus « meum mihi tribuendi, regnare igitur desinas. » Quâ licentiâ adeò non offensus est Philippus, ut contrà huic mulieri jure indignanti extemplò satisfecerit.

Quoties Alexander nuntium accipiebat patrem suum aliquam urbem expugnavisse, vel aliquo è prælio superiorem discessisse, non modò non lætabatur, sed etiam significabat se timere, ne Philippus omnium potitus nihil sibi suscipiendum reservaret.

Perhibent Philippum, cùm Bucephalum Alexander vicisset, gaudio flevisse, huncque amplexando ei dixisse : « Fili mi, aliud regnum tibi magis consentaneum quærito; « tibi haud satis est Macedonia. »

Alexandro in solium ascendenti, cùm vigesimum annum ageret, haud minùs periculi erat à Græciâ, quàm à barbaris gentibus à Philippo subactis.

Alexander quem ad populum concionans Demosthenes puerum vocaverat dùm in Illyrico versaretur, juvenemque cùm Thessaliam attigit, se virum esse huic oratori sub ipsis Athenarum mœnibus probatum voluit.

THEMA CENTESIMUM DECIMUM

Urbe Thebis ab Alexandro occupatâ, quidam Thraces, cujusdam matronæ, nomine Timocleæ, eversis ædibus, omnem ejus supellectilem thesaurosque diripuerunt. Eorumque ductor, ab eâ prius contumeliosè læsâ quæsivit, an nihil auri argentique abstrusisset. Respondit Timoclea aliquid se abstrusisse; cùmque suum in hortum eum solum duxisset, puteum ei indicavit, eique persuasit se ipsam, ubi primùm urbem expugnatam viderat, quodlibet pretiosissimum eò dejecisse. Ductor lætitiâ elatus ad puteum accessit; nihilque suspicans inclinavit se ut puteum introspiceret, ejusque altitudinem perpenderet. Stans retrò Timoclea, istum omnibus viribus propulsum in puteum dedit præcipitem, plurimisque injectis lapidibus eum trucidavit. Simulque ipsam arreptam Thraces ad Alexandrum ligatis manibus deduxerunt. A rege interrogata quænam esset, interrita respondit se Theagenis sororem esse, qui dum Græciæ libertatis gratiâ in ipsum ipsiusque patrem Philippum pugnaret, interfectus fuerat. Alexander, tàm animosum responsum mirabundus, quò vellet cum suis liberis eundi ei fecit copiam.

THEMA CENTESIMUM UNDECIMUM

Aristoteli Alexander scribebat sibi jucundius fore cæteris hominibus rerum sublimium scientiâ superiorem esse quàm suæ potestatis amplitudine.

Intremiscebant Philippus omnesque aulici, timentes ne quid acerbi accideret Alexandro qui Bucephalum conscendere ausus fuerat.

Cùm Diogenem Alexander interrogavisset quid ipsi opus esset, ille, quamvis rebus omnibus indigens, nihil ab eo petivit; cùm autem apricaretur, satis habuit ei dicere : « Hoc te rogo, ut paulùm à sole absis. »

Alexander urbem Lampsacum diruere statuerat, ut à rebellibus ejus incolis pœnas repeteret. Ab urbe haud longè aberat, cùm prodeuntem vidit Anaximenem, celebrem historicum, Philippo pernotum, magnoque apud ipsum Alexandrum in pretio. Suspicans quam ob causam veniret, illum prævertit juravitque se non facturum

quod ille petiisset. « Domine, tunc et illi Anaximenes,
« illud te rogo, ut Lampsacum diruas. » Atque adeò
Alexander hanc urbem servavit, quamvis eam diruere
statuisset.

THEMA CENTESIMUM DUODECIMUM

Juxta computationem historici francici haud immeritò
celeberrimi, Alexander, intrà septem annos aliquotque
menses, leucarum duo millia et ampliùs cum suo exercitu
percucurrit.

Clito contigit ut Alexandrum qui modò Granicum tra-
jecerat morti eriperet. De rege actum erat, nisi Clitus
dexteram satrapis securi jamjam illum percussuri suo
acinace dejecisset.

Qui Darii currum vehebant equi, ii ictibus confossi,
arrectos se tollere cœperunt, jugumque tanto impetu
quatere, ut principem jamjam excussuri essent, cùm ille,
veritus ne vivus veniret in hostium potestatem, desiliit,
et alium in currum impositus est. Paulò antè tamen
princeps ille adeò pro certo habuerat Alexandrum à se
victum iri, ut per litteras satrapis suis scriptas jussisset
istum juvenem stultum castigari, purpurâ per deridicu-
lum indui, mittique ad se pedibus ac manibus alligatis.

Adeò non excanduit Alexander quòd Sisygambis advo-
luta esset pedibus Ephæstionis quem regem esse arbi-
trabatur, ut contrà eam benignè allevaverit, dicendo :
« Non errâsti, mater ; nam et hic Alexander est. » Utri
magìs honorificum illud verbi existimas ? Ego verò id
utrique itidem honorificum censeo.

THEMA CENTESIMUM DECIMUM TERTIUM

Alexander vehementer offensus est, quòd Darius, licèt
victus, in litteris quas hic ad se scripserat, regis titulum
sibi, nec tamen suî victori adscripsisset.

Tyrii, timentes ne à se ad Alexandrum Apollo transiret,
hujus simulacrum catenâ aureâ ad aram Herculis alligâ-
runt, persuasum habentes huncce deum urbis patronum
ac defensorem alterius fugæ obstiturum. Quàm ineptè de
suis diis ipsorum cultores sentiebant !

Macedones in urbem Tyrum ingressi, nemini pepercerunt ; adeò irati erant, quòd obsessi perdiù obnixi fuissent, præsertim autem quòd nonnulli è suis, in totius exercitûs conspectu jugulati, ab istis ad imam muri partem fuissent dejecti.

Alexander, cùm Betis, Gazæ præfecti, virtutem ac fidem mirari debuisset, per talos ejus lora trajici jussit ; religatusque ad currum circà urbem tractus fuit, dùm expiraret. Ità quæ olim Hectori ab Achille circùm Trojæ mœnia tracto, eadem Beti sors obtigit. At unus vivus, alter autem mortuus tractus est.

Darius audiens quàm benignè suos habuisset Alexander, deos oravit atque obsecravit, si de Persarum imperio actum esset, ne sinerent alium quàm Alexandrum in Cyri solio sedere.

THEMA CENTESIMUM DECIMUM QUARTUM

Alexander Tyro Hierosolymam profectus est, statutum habens haud magis posteriori quàm priori parcere. Existimaverant Judæi se non posse Alexandro obsequium polliceri, dùm viveret Darius, cujus in nomen juraverant. Statuerat igitur Alexander in Judæos, veluti priùs in Tyrios, ob imperii detrectationem animadvertere. At Deus impedivit ne istiusmodi consilium patraret. Summus sacerdos Jaddus videns tantum malum plebi Judaicæ impendens, ad Deum confugit, publicas præscripsit preces illius auxilii implorandi gratiâ, illique sacrificavit. Cui Deus sequenti nocte in somniis apparuit, jussit urbem spargi floribus, omnes aperiri januas, ipsumque ornatu vestitum pontificio, cùm omnibus sacrificis suo pariter vestitis, cæterisque albatis, Alexandro obviam procedere, nihil ab illo principe formidantem, promittens se illis fore præsidio. Quibus jussis diligentissimè obtemperatum est : Syri ac Phœnices qui in Alexandri exercitu versabantur, quique Judæos penitùs et acerbè oderant, neutiquam dubitabant quin rex, adeò exasperatus in summum sacerdotem insigniter animadversurus esset, urbemque Hierosolymam, veluti anteà urbem Tyrum, diruturus. Ubi Judæi regem adventare audivère, illi obviam iverunt.

THEMA CENTESIMUM DECIMUM QUINTUM

Obstupuit Alexander conspectu summi sacerdotis in tiarâ et fronte gerentis laminam auream in quâ Dei nomen inscriptum fuerat. Ubi illum conspexit, venerabundus ad eum accessit, humi prostratus hoc nomen adoravit, summumque sacerdotem quàm reverentissimè salutavit. Judæi, circùm Alexandrum congregati, voces suas sustulerunt, ut ei cuncta prospera precarentur. Omnes adstantes valdè stupefacti vix suis credebant oculis. Parmenio non potuit regem non sciscitari cur à cunctis adoratus Judæorum summum sacerdotem ipse adoraret. « Neutiquam ego summum sacerdotem, res-« pondit Alexander, Deum autem cujus ille minister est « adoro. »

Deindè narravit sibi, cùm adhuc in Macedoniâ degeret, deliberaretque quâ viâ Asiam posset subigere, eumdem virum in somniis apparuisse, hortantem ut nihil metueret, atque ex viri promissis, Deum cujus ille minister erat, suo præiturum esse exercitui, seque ejus beneficio de Persis relaturum victoriam.

THEMA CENTESIMUM DECIMUM SEXTUM

« Minime dubito, subjecit Alexander, quin, jubente et « duce Deo id belli susceperim : jamque pro certo habeo « à me victum iri Darium, evertendumque esse Persarum « imperium ; quapropter huncce Deum in ipsius sacer-« dote adoro. »

Alexander, postquàm his verbis Parmenioni respondisset, summum sacerdotem cæterosque amplexus est, quibuscùm deindè ipse medius procedens, in templum ascendit, Deoque victimas immolavit. Summus sacerdos, illo audiente, legit ea quæ apud prophetam Danielem ad ipsum spectabant. Haud ægrè intelligas quanto gaudio et quantæ admirationi Alexandro fuerint tàm perspicua adeòque ipsi fausta vaticinia. Priusquàm Hierosolymâ excederet, congregatos Judæos interrogavit quid beneficii à se expeterent. « O princeps! illi responderunt, hoc « te rogamus, ut per te nobis liceat secundùm majorum « consuetudines vivere, nosque septimo quòque anno

« soliti tributi immunes facias. Nostræ enim prohibent
« leges ne anno isto agris semen mandemus. Ideòque
« fruges fructusque haud possumus percipere. » Tantùm
abest ut Alexander quod petebant Judæi gravatè conce-
deret, ut contrà promiserit, si qui vellent in ipsius exer-
citibus stipendia facere, ipsis concessum iri facultatem
suam profitendi religionem omnesque suas servandi consuetudines. Quod vix proposuit cùm multi militiæ nomen
dederunt.

THEMA CENTESIMUM DECIMUM SEPTIMUM

« Longè abest ut tibi vitio vertam, suo filio Alexandro
« scribebat Olympias, quòd in tuos amicos beneficia con-
« feras. At non animadvertis à te totidem reges fieri,
« sicque a te locupletatos habere undè multos amicos,
« quos tibimet adimis, sibi concilient. » Non committebat Alexander ut quemquam participem faceret epistola-
rum, quibus ipsi sua mater nimiam exprobrabat liberal-
itatem. Quâdam tamen die unam apertam cœpit legere
Ephæstion, cùm accessisset, simul cum eo suprà hume-
rum ejus legebat. Haud impedivit quin et extremam
partem legeret : sed duntaxat cùm annulum è digito
detraxisset, sigillo os sibi gratiosi attigit, ut illi silentium
imperaret.

Antipater qui, absente Alexandro, Macedoniam admi-
nistrabat, huic adversùs Olympiadem matrem ejus am-
plam scripsit epistolam. Quâ lectâ Alexander dixit : « An-
« tipatrum fugit, vel unâ matris lacrymâ decies mille
« istius similes expungi epistolas. »

Alexandro ad Persepolim accedenti occurrerunt Græcorum captivorum ferè decem millia, quos Persæ alios
manibus, pedibus alios, alios naribus auribusque mutila-
verant, adeò ut spectris quàm hominibus essent simi-
liores.

THEMA CENTESIMUM DECIMUM OCTAVUM

Bessus ejusque conscii Darium curru vectum assecuti,
eum hortati sunt ut conscenderet equum, ne in Alexandri
manus deveniret. Respondit Darius deos sui sanguinis
pœnas jamjam expetituros esse; Alexandrique æquitatem

implorans, parricidas comitari noluit. Tunc verò eo accensi sunt furore, ut telis injectis, illum multis confossum vulneribus reliquerint. Simul convulnerantur jumenta illum vehentia, ne longiùs possint procedere ; duoque servi regem comitantes occiduntur. A parricidio tàm abominando Nabarzanes Bessusque invicem digredientes petierunt, prior Hyrcaniam, Bactra posterior, utrumque comitantibus paucis equitibus. Barbari, ducibus destituti, aliò alii dissipati sunt, prout pavor aut spes quemque ducebat. Interim jumenta quæ Darium vehebant, diù vagata, in quâdam valle constiterant, adeò æstu vulneribusque defecerant viribus. Haud procul erat fons, quò Macedo quidam, nomine Polystratus, siti maceratus, accessit, aquam galeâ hausturus.

THEMA CENTESIMUM DECIMUM NONUM

Polystratus, dum aquam sorberet, jumenta telis confossa conspexit. Cùm propius accessisset, semivivi hominis corpus in sordido vehiculo pellibus contecto situm reperit, agnoscitque Darium, qui, licèt multis confossus vulneribus, adhuc tamen spirabat. Tunc captivum Persam advocat. Jam deficiens Darius aquam poposcit. Quâ haustâ : « Heu me miserum, Polystrato dixit, qui pro « tanto beneficio dignas tibi grates referre nequeam ! At « referat Alexander ; Alexandro verò dii, pro ejus summâ « in meos humanitate ac clementiâ ! » Acceptâque Polystrati manu, expiravit.

Vix animam efflaverat Darius, cùm Alexander advenit, vidensque corpus ejus confossum vulneribus, acerbè flevit, suoque acerrimo dolore testatus est quantùm hujusce principis infortunio commoveretur. Demptâ sibi clamyde, Darii corpus contexit ; atque regio ornatum cultu, ad matrem ejus Sisygambin, regum Persarum more sepeliendum, atque majorum suorum tumulis inferendum, misit.

THEMA CENTESIMUM VIGESIMUM

Alexandro loca arida cum paucis equitibus permeanti, ut Darium assequeretur, occurrerunt quidam Macedones, qui mulos caprinis pellibus aquâ impletis onustos age-

bant. Qui homines regem sudore perfusum sitique ardentem videntes, aquâ impletam galeam ei obtulerunt.
A rege interrogati ad quos illud aquæ ferrent, se ad suos
liberos eam ferre responderunt. « At, domine, subjece-
« runt, de illis ne sollicitus sis. Temet vivere satis est. »
Alexander, acceptâ galeâ, atque circumspiciens, omnes
equites, inclinato capite, oculisque in hunc potum defixis,
illum suis aspectibus vorantes videt. Qui obtulerunt, iis
aquam retribuit, ne unâ quidem haustâ guttulâ, quamvis
ardenti siti conficiatur. « Turmæ toti haud satis est, ait ;
« solus si biberem, acriùs sitirent cæteri, atque languore
« animæque defectione interirent. » Quâ animi excelsitate quàm vehementissimè commoti equites, clamârunt
orantes ut quò vellet, nulli parcens, ipsos duceret ; se
jam non lassari, jam non sitire, nec homines mortales
sibi videri, dùm hujus modi regem haberent.

THEMA CENTESIMUM VIGESIMUM PRIMUM

Qui à barbarie haud semper satis cavebat Alexander,
is tamen vel infimi generis hominum miseriis commove-
batur. Die quâdam quispiam Macedo pauper ad ærarium
regium mulum auro onustum præ se agebat. Adeò fessus
erat mulus, ut etiam à lapsu vix se sustineret, nedùm
posset procedere. Mulio, onus dorso suo imponens, sat
longo viæ intervallo ægerrimè gestavit. Quem rex cùm
pondere obrutum, onusque, levaminis gratiâ jamjam ab-
jecturum videret : « Ne adhuc animo concidas, ait illi,
« enitere ut reliquam peregas viam, illudque oneris in
« tabernaculum tuum transferas ; hoc enim tibi imper-
« tior. »

Alexander, sauciato crure, dùm adversùs barbaros
dimicaret, nec incedere, nec equo insidere poterat. Quare
in gestatorium se impositum voluit : tunc verò pedites
inter et equites vehemens rixa orta est, utri illum (1)
gestarent, utrisque illud honoris sibi vindicantibus. Con-
ciliationis gratiâ, jussum est ab illis vicissim regem ges-
tari.

Quàm parùm abfuit quin Alexander, dùm quamdam
barbarorum urbem obsideret, ictu lapidis impetito capite,

_____

(1) En le rapportant à Alexandre.

occideretur ! Animo lictus concidit, et plane mente lapsus
est, adeò ut exercitus eum veluti mortuum luxerit.

THEMA CENTESIMUM VIGESIMUM SECUNDUM

Bessus, Darii interfector, ipse à suis præfectis vinctus
est, qui ex capite tiaram diremerunt, Darii vestem regiam quam sibi induerat laceravêre, illumque Alexandro
tradendum in equum imposuerunt.

Haud facilè diceres utris barbarisne an Macedonibus
magis gratum esset spectaculum Bessi perfidi, non vincti
modo, sed etiam omni velamento corporis spoliati, quem
Spitamenes, collo insertâ catenâ, ad Alexandrum per-
duxit.

Alexander, congregatis omnibus suis ducibus, antè
eorum oculos Bessum adduci jussit ; suâ isti exprobratâ
perfidiâ, naribus auribusque truncatum Ecbatana misit,
ut ibi ante Sysigambis oculos ultimo afficeretur supplicio.
Arbores duas ad se invicem per vim incurvaverunt,
unumque parricidæ membrum ad quamque arborem
alligatum est. Deindè utraque naturalem ad statum rediens, tantâ vi in rectum revocata est, ut quæque membrum sibi alligatum abstulerit, istiusque corpus in diversa
distractum fuerit. Sic etiamnum perduellionis scelere
constricti, equis quadrifariam abactis discerpuntur.

THEMA CENTESIMUM VIGESIMUM TERTIUM

Alexander, plurimis provinciis regnisque subactis, de
bello Indiæ inferendo cogitavit. Quæ regio orbis ditissima
existimabatur, dicebantque aureos eburneosque clypeos
usui esse militibus.

Cùm Alexander jussisset se Jovis filium haberi, statim
Persæ illum venerari cœperunt. Polysperchon, videns ex
iis unum summâ inflexione humum mento contingentem,
ludibrii causâ hortatus est, ut vel vehementiùs terram
percuteret. Rex istâ cavillatione exulceratus, eum in cus-
todiam tradi jussit, cui tamen postea ignovit. At non
item de philosopho Callisthene qui Alexandrum deum
agnoscere nunquàm voluit.

Alexander urbem ad Iaxarti ripam conditam voluit,
quam suo appellavit nomine, et quæ sexaginta stadia, seu

tres leucas, in orbem colligebat ; tantâ celeritate ædificata est, ut minùs viginti diebus munimenta excitata fuerint, ac tecta absoluta.

Arimazen, qui cum triginta millibus armatorum petram Oxianam tuebatur, debuit pœnitere, quòd contumeliosè interrogavisset an Alexander, vir ille potentissimus, etiam posset volare, pennasque à naturâ accepisset. Cùm posteà in Macedonum castra cum sibi propinquis gentisque nobilissimis descendisset, Alexander soli iracundiæ serviens, illos omnes verberibus affectos sub ipsis radicibus petræ crucibus jussit affigi.

THEMA CENTESIMUM VIGESIMUM QUARTUM

Alexander, quamdam Indorum urbem obsidens, sagittâ in crure vulneratus est, dùm muros obequitaret ; urbem nihilominùs occupavit, atque omnes milites civesque interfecti sunt, nec ipsis domibus parcitum est. Ferunt illum, tùm cùm ex vulnere dolorem hauriret acerbissimum, non potuisse non dicere : « Incassùm jurant omnes « Jovis me esse filium ; clamat vulnus hominem me « esse. »

Taxiles, cognomine Omphis, mortuo patre suo, Indorum rege, per legatos Alexandrum consuluit an se regium insigne sumere ei placeret ; et quamvis id rei impetravisset, haud sumpsit priusquàm rex advenisset.

A rege interrogatus Taxiles pluribus agricultoribus an militibus sibi opus esset, nihil cunctatus respondit, cum duobus regibus, Abisare nempè et Poro potentiore, bellantem se majori militum quàm agrestium manu opus habere.

Existimabat Alexander, Porum nominis sui famâ attonitum, stipendium sibi pendere haud cunctaturum esse ; attamen princeps ille ad deditionem adeò non venit, ut contrà Alexandro denuntiaverit se quidem ei obviam iturum esse, sed armatum.

THEMA CENTESIMUM VIGESIMUM QUINTUM

Nescio an Alexander unquàm gravius adierit periculum, quàm cùm in quoddam Indorum oppidum semet ipse dedit præcipitem, solùsque cum plurimis hostibus dimicavit. Tribus longa pedibus sagitta per thoracem in corpus ejus altè pervasit ; atque indè emicuit tanta vis sanguinis, ut remissis armis moribundo similis exstiterit. Qui eum vulneraverat Indus, is ad exspoliandum corpus ejus, alacer gaudio accurrit ; quem Alexander ut injicere corpori suo manus sensit, linquentem revocans animum, in istius latere mucronem defixit. Cùm tandem sui ei duces ac milites auxilio venissent, urbe potiti, cunctos, nullo ætatis aut sexûs discrimine, ferro trucidârunt.

Alexander ab Oceani littoribus rediens, suum exercitum dolenter vidit morbis, nimiis æstibus, fame et peste devastatum. Usu absumptis cunctis palmarum radicibus, jumenta edere coacti sunt ; adeò ut Macedones quibus deerant equi, qui sarcinas veherent, opima spolia, propter quæ orbis ultima peragraverant, cremaverint incendio.

THEMA CENTESIMUM VIGESIMUM SEXTUM

Calanus, unus inter celeberrimos Indiæ philosophos, postquàm tres et octoginta annos vixisset, nullo unquàm tentatus morbo, tandem sævis affectus est torminibus. At veritus ne medicis subjectus, medicamentorum multitudine diutiùs torqueretur, Alexandrum, cujus in aulâ ab aliquot annis versabatur, rogavit ut sibi, ipso jubente, rogus exstrueretur, quem inflammarent, cùm eò ascendisset. Quod à se petebat, rex non libenter illi concessit. Calanus igitur equo vectus ad imum rogum se contulit ; solemnemque post ritum in exequiis usitatum, suos amicos amplexatus est, rogans ut ipsâ die cum Alexandro bibentes lautèque epulantes gaudio exultarent. Tunc hilariter ascendit in rogum, in quo procumbens, vultum sibi operuit ; atque ubi illum attigit flamma, admodùm stupente toto exercitu, in eodem corporis habitu planè immotus mansit. Quantùm id facti alii mirati sunt, tantùm alii culpavêre. Nescio an mente defecisset Calanus ; saltem dubium non est quin frivolæ gloriæ desiderio, tanquam mirandæ constantiæ virum, spectandum se præbere voluerit.

THEMA CENTESIMUM VIGESIMUM SEPTIMUM

Alexander, cùm ab istâ horribili cæremoniâ in regiar rediisset, multos è suis amicis et ducibus ad cœnam invi tavit, Calanoque honoris præstandi gratiâ, ei qui pluri mum potaret loco præmii coronam proposuit. Promachus qui quatuor vini modos seu octodecim aut viginti pinta gallicas sorbuerat, coronam mille nummis æstimatan accepit. Sed tribus tantùm diebus suæ superstes fuit vic toriæ. Inter alios convivas, unus et quadraginta istâ per potatione absumpti sunt.

Mortuo Ephæstione, Alexander oraculo denuntiandun curavit, illi tanquam semideo sacra fieri fas esse. Qui dicere valeat quot illi erecta sint altaria, quot templa ill condita fuerint? Capitale erat vel dubium de Ephæstioni divinitate. Parùm abfuit quin priscus dux periret, quòc ut mortuum luxisset amicum suum Ephæstionem, cùn illius tumulum præteriret. Ità gloriabatur Alexander non modò quòd deum patrem haberet, sed etiam quòc ipse deos faceret.

Alexander, ut Bacchi infamem triumphum imitaretur in viis et præ domibus disponi jussit plurima, detracte fundo, dolia, undè milites, lagenis alii, alii pateris, vinun hauriebant, adeò ut per septem dies ebrietatem non dis cusserint. Quærit quidam auctor quid de istis orbis victo ribus faciendum fuisset, si victi eos adhuc vino obruto. gravesque crapulâ adoriendi consilium cepissent.

THEMA CENTESIMUM VIGESIMUM OCTAVUM

Quandiu Alexander Babylone commoratus est, festa perpetuò agitavit, nec vino parcebatur. Die quâdam cùn jam plus æquo bibisset, Herculis pateram sex lagenas capientem sibi afferri jussit. Quam à summo plenam bi exhausit statimque in terram concidit. Febre correptus ardentissimâ, in regiam semianimis delatus est. Omni spe dejectus, quamvis primùm promptæ sanationis ipsi esset fiducia, annulum digito detractum Perdiccæ tradidit. Quamvis admodùm debilis, in cubitum corpus levavit, ut moribundam manum militibus deosculandam præberet. Principibus aulicis quærentibus cui relinqueret regnum, respondit : *Optimo*, neutiquam dubitans quin, ob istam concertationem, stupendi admodùm ludi funebres sibi pararentur. A Perdiccâ interrogatus quandò cœlestes honores haberi sibi vellet : Tùm cùm, ait, ipsi felices eritis; hisque prolatis verbis, extremum halitum efflavit, ferè anno ante Jesum Christum trecentesimo vigesimo octavo. Creditum est Antipatrum per Cassandrum filium suum Alexandro venenum præbuisse. Existimant alii haud alio veneno quàm vino hunc interiisse; multosque alios occidit.

THEMA CENTESIMUM VIGESIMUM NONUM

Res dubia est utrùm à Persis an à Macedonibus Alexander magis desideratus fuerit. Illi (1) hunc justissimum ac mitissimum dominum qui unquàm ipsis imperavisset, hi autem optimum ac fortissimum orbis regem vocabant. Sisygambis verò cùm de Alexandri morte audivit, eò acriori dolore correpta est, quòd ipsi lugendi essent vivi simul et mortui. « Quis neptium mearum curam habebit? excla- « mabat; ubi alium Alexandrum inveniam? » Hæc regina quæ anteà patris sui, sui mariti, octoginta fratrum suorum quos Ochus, tyrannorum crudelissimus, eâdem mactaverat die, imò et Darii filii sui mortem constanter pertulerat, Alexandri mortem sustinere non potuit.

Mirantur quòd Alexander Babylone obierit, uti prænuntiaverant magi et harioli. At quamvis Deus futurarum rerum præsensionem ac scientiam sibi soli servaverit, attamen, ut suæ impietatis dent pœnas qui dæmones consulunt, non impedit quin mendaces ipsi spiritus (sæpè quidem conjecturis aberrantes), res quasdam prævideant ac prænuntient. Ità sentit divus Augustinus.

Olympias non poterat quin doleret sortem sui filii, qui cùm in deorum numero haberi voluisset, per totum biennium sepulturâ caruit. Namque moriens corpus suum in Jovis Ammonis templum ferri jusserat : in apparandâ autem splendidâ istâ funebri pompâ duo anni consumpti fuerunt.

(1) D'après ce qu'on lit dans Quinte Curce, je vois qu'il faut mettre dans le français *ceux-là* à la place de *ceux-ci*, et *ceux-ci* à la place de *ceux-là*.

THEMA CENTESIMUM TRIGESIMUM

Adeò liberalis Alexander erat, ut sua dona abnuentibus irasceretur, scripsitque Phocioni ipsum sibi amicum posthàc non habitum iri, si nihil accipere perseveraret.

Magnâ admiratione afficior audiens Alexandrum dicentem se aliquo modo Aristoteli, suo præceptori, plura debere, quàm Philippo suo parenti. Qui ità sentit ac loquitur, is novit quanti sit pretii optima institutio.

Alexander, dicebat magnus Condæus, sùs deque habebat, utrùm in Europâ an in Asiâ, utrùm inter Græcos an inter Persas versaretur; semet ità dignum qui imperaret noscebat, ut non putaret suum imperium ab ullo posse detrectari.

Alexander, ut Memnonem, inter Darii duces peritissimum, suas in partes traheret, aut saltem ut illum suspectum haberent Persæ, severè prohibuit ne sui milites illius agris vel minimam inferrent vastitatem. Memnon verò de animi excelsitate ergà Alexandrum gloriabatur; cùmque die quâdam militem quempiam de Alexandro malè loquentem audiret : « Tu militiæ nomen dedisti, ait « hastâ illum percutiens, haud quidem ut de Macedoniæ « rege malè loquereris, sed ut adversùs illum dimi- « cares. »

Darius ultimum spiritum jamjam efflaturus, audiensque quàm reverenter suam matrem, conjugem suam, suasque filias Alexander accepisset, non potuit quin ad cœlum morientes extolleret manus, atque de victore tàm magnanimo, tàm sapiente, suisque cupiditatibus tàm mirificè imperante vota faceret.

THEMA CENTESIMUM TRIGESIMUM PRIMUM

Sylla, quamvis valdè crudelis, leges tamen eximias condidit, ubi penès ipsum fuit summa rerum potestas. Quis existimâsset tyrannum istum, armis mactatis civium centum millibus, proscriptionibus autem nonaginta senatoribus, necnon plus bis mille sexcentisque equitibus. dictaturam abdicaturum esse? Attamen, cunctis admodum stupentibus, id fecit.

Sertorius copiolarum ope tenax bellum nihilominùs

pertulit adversùs plures Romanos duces qui hominum plus centum millibus præerant. Ut cæteras ejus dotes militares omittam, in hostem impetum faciebat, sed opportunè, nihilque committens fortunæ. Frustrà nihil intentatum liquit Metellus, nunquam illum vincere potuit. Narrant Metellum non puduisse sanguinem illius addicere, et centum talenta atque agri jugerum viginti millia caput ejus sibi afferenti promisisse. Quot proditionibus dux ille magnus deinceps patuit! Eò barbariei ac perfidiæ ventum est, ut in convivio interficeretur.

THEMA CENTESIMUM TRIGESIMUM SECUNDUM

Romæ suos adversùs servos gerendum fuit bellum tàm periculosum quàm ignominiosum. Multi ex illis infortunatis in probrosâ gladiaturâ inviti exercebantur. Octo et septuaginta, ruptis vinculis, Spartacum sibi præfecerunt. Quæ militum manus, licèt exigua, prætorem tamen qui hominum tribus millibus præerat, profligavit. Crevit posteà in numerosum exercitum, qui adeò formidandus evasit, ut adversùs illum duo consules ac unus prætor processerint. Tres illos eò majori gloriâ devicit Spartacus, quod qui ab ipso defecerant Galli, ii à Romanis modò cæsi fuerant. Jam Romæ minitabatur, moxque cum servorum militum centum et viginti millibus adversùs urbem istam erat processurus, ut illam obsideret, cùm id belli Crasso, uni ex peritissimis reipublicæ ducibus, commissum est. Ad decretoriam pugnam à servis compulsus Spartacus, æquè fortiter ac prudenter se gessit. Cùm in eo essent ut congrederentur, suum equum occidit, dicens equum sibi, si vinceret, non defuturum, sibi verò eo non opus fore, si vinceretur.

THEMA CENTESIMUM TRIGESIMUM TERTIUM

Servi, non obstantibus sui ducis Spartaci fortitudine ac prudentiâ, fusi sunt; non autem priusquàm de victoriâ diù contendissent. Adeò acriter pugnatum est, ut servorum quadraginta millia in pugnæ campo ceciderint, atque Spartacus vulneribus confossus mediâ in acie expiraverit. Quinquies mille fugientes in unum contractos haud agrè divicit Pompeius.

Mithridates, Ponti rex, ac Tigranes gener illius, rex Armeniæ, suas copias adversùs Lucullum frustrà conjunxerunt; is eos adortus fugavit. Cottam suum collegam à Mithridate profligatum servavit; quod illi fuit gloriæ. Hunc principem coegit urbis Cizyci oppugnationem dimittere, Bithyniâ, imò suo illum regno expulit. Hìc tùm ferus iste rex suas sorores atque uxores veneno necari jussit; adeò verebatur ne in victoris manus venirent. Lucullus, licèt præstantissimis præditus dotibus, non is erat qui aliorum benevolentiam sibi conciliaret. Cuncti, tum milites tum duces, superbiam ejus ac severitatem eò ægriùs sustinebant, quò magis licentiæ corrupti mores suffragabantur.

THEMA CENTESIMUM TRIGESIMUM QUARTUM

Adeo superbus erat Pompeius ut cuncta suam ad gloriam verteret, atque de octingentis septuaginta sex urbibus, ab Alpibus ad Hispaniæ fines, à se subactis libenter gloriaretur. Præclaras Luculli dotes adeò non respiciebat, ut contrà eum haud invitus deprimeret, nullâque decori habitâ ratione, ejus existimationem violaret. Illum si audires, nihil ardui fuerat in bellicis Luculli facinoribus, nihilque præter divitias, nedùm publicam utilitatem, exquisiverat. Tantùm abest ut sileret Lucullus, ut contrà suo exprobraret æmulo quòd alienam gloriam sibi vellet adscribere, quòd adversùs hostes jam victos expetito imperio, ad cujusque belli finem iste superveniens, belli confecti gloriam duci adimeret. Quantâcunque ambitione laboraret Pompeius, audebat exclamare : « Nun-
« quamne igitur quiescam? utinam, omni abjecto nego-
« tio, possim cum dilectâ uxore vitam agere! quantò me
« feliciores ii sunt, qui tranquillè ætatem ignorati tradu-
« cunt! » Frustrà verò quâ laborabat ambitionem cupiebat tegere; istiusmodi hypocrisi vel ipsius amici offendebantur. Quamvis infenso malevoloque in Lucullum animo esset Pompeius, priori tamen triumphus præscriptus est, namque victoriarum ejus oblivisci non poterant.

THEMA CENTESIMUM TRIGESIMUM QUINTUM

Propè factum est ut insigni improbitate Catilinæ, hominis omni scelere contaminati atque ære alieno obruti, Roma dirueretur. Eò audaciæ processit, ut summam auctoritatem, extincto senatu, sibi, veluti priùs Sylla, sumere statuerit. De republicâ actum erat, ni in Cicerone servatorem reperisset. Postquàm Româ evasisset Catilina, ignominiâ modò affectus facundiâ consulis qui Senatui conjurationem ex integro patefaciendam curaverat, confestim comprehensi sunt cæteri conjurationis principes; istique senatûs decreto capite damnati, in carceribus noctu ultimo affecti sunt supplicio. Catilina autem ab exsecrando incœpto adeò non destitit, ut contrà Galliam ad rebellionem incitare conatus fuerit. Adversùs istum procedere jussus est exercitus. Fertur interritus quàm fortissimè vim vi repulisse, funditùsque devictus, cùm fugam agitare potuisset, in mediam aciem se intulisse, atque ibi vulneribus confossus cecidisse, omnia strenui militis summique ducis munia exsecutus. Multo Romanorum militum sanguine stetit victoria.

THEMA CENTESIMUM TRIGESIMUM SEXTUM

Nihil erat, ut primùm videbatur, quod formidaret vel speraret Roma à Julio Cæsare, adeò, juvenis adhuc, voluptatibus erat deditus; posteà verò eò ambitionis processit, ut Alexandro æmularetur, haud dubitans fateri malle se in vico primum esse quàm Romæ secundum. Nihil ei longius erat quàm ut consulatum adipisceretur : cùm attenderet inter se contendere Pompeium et Crassum, uter plures senatores ad se alliceret, neutrumque ab altero amari, nihil intentatum reliquit, ut gratiam inter ambos istos imperatores componeret. Prior suis prosperè gestis, posterior suis immensis opibus, singulis diebus Romæ potentiores evadebant. Quorum gratiâ nixus Cæsar, quod expetebat haud ægrè obtinuit. Crassus, quamvis singulos in dies thesauros congereret, divitiarum siti ardebat. Cui si fidem adhiberes, haud dives erat, cui non suppetebat undè exercitum aleret. Cùm

nihil haberet antiquius quam ut suam expleret cupidita-
tem, in Asiam properavit.

THEMA CENTESIMUM TRIGESIMUM SEPTIMUM

Crassus, direpto Hierosolymæ templo, in expeditionem
adversùs Parthos temerè se intulit, solis horumce immensis thesauris bellum moventibus. Eò acriùs Parthi
depugnaverunt, quòd ergà ipsos jus gentium perfractum
fuerat, adeò ut cæsus fuerit Romanus exercitus, Cras-
susque ipse simulque ejus filius occiderint. Quandiù
vixerat Crassus, Cæsarem ac Pompeium quasi suspensos
detinuerat. Vix autem de morte ejus auditum est, cùm
erupit discordia inter duos istos imperatores, quorum
ille superiorem, hic verò etiam ambitiosior, ne parem
quidem pati poterat. Hic tùm Romæ palàm venum iverunt omnia, urbsque factionibus cunctisque flagitiis redundavit. Cæsar, intrà decennium, omnes Galliæ populos, licèt admodùm intrepidos, singulos domuerat, illosque tandem tum suâ solertiâ, tum suâ fortitudine, necnon
bellicis facultatibus suo subjecerat imperio. Pompeius
verò Romæ adeò potens evaserat, ut non dubitaret dicere, si terram pede percuteret, indè prorupturum esse
exercitum.

THEMA CENTESIMUM TRIGESIMUM OCTAVUM

Cùm deliberatum est utrùm duobus imperatoribus
prorogaretur imperium, an ab isto revocarentur, Cæsar,
ut perhibent, abdicare haud abnuit, modò idem faceret
ipsius æmulus; non item de Pompeio : per hunc non
stetit quin Cæsari abrogaretur militare imperium, ut ipse
summam haberet potestatem. At Cæsar non commisit
ut obtemperaret. Certior factus se inter Romæ hostes re-
latum fuisse, in hanc urbem processit. Ferunt illum,
cùm Rubiconis Cisalpinam Galliam ab Italiâ reliquâ di-
videntis ripam attigisset, animo fluctuavisse utrùm illud
amnis trajiceret : « Ni trajiciam, ait, de me conclamatum
« est; sin autem trajecero, quot et quanta Romæ im-
« pendent infortunia ! » Postquàm secum reputavisset
quanto adversarii sui ipsum haberent odio, exclamavit : *Jacta est alea*, amnemque trajecit. Cùm Romam

ipsam mox invasisset trepidatio, senatus urbem periclitari denuntiavit, omnesque cives jussit arma capere. Cùm adversùs hostem tàm formidandum nihil prorsùs apparavissent, non commisit Pompeius ut istum in urbe firmè ac intrepidè exspectaret. Nihil sibi satius esse existimavit, quàm citò ab Italiâ excedere.

THEMA CENTESIMUM TRIGESIMUM NONUM

Frustra vel in Macedoniam fugit Pompeius; hunc eò persecutus Cæsar, propè Pharsalum de illo decretoriam retulit victoriam. Narrant eum prælii locum videntem cadaveribus constratum, non potuisse quin ab imo suspiraret, omnesque Pompeii chartas in ignem generosè conjecisset, dicendo se malle scelera nescire, quàm ista non posse inulta atque impunita dimittere. Cùm ei posteà Pompeii qui in Ægyptum fugerat caput attulissent, adeò gaudia, utì exspectaverant, non testatus est, ut contrà solummodò indignationem doloremque indicaverit. Cæsar in perpetuum dictator nominatus, ad sibi conciliandos Romanorum animos frustrà laborem contulit ; cùm neutiquam dubitarent quin regis titulum appeteret, in eum, Cassio Brutoque ducibus, conspiratum est. Hunc filii instar amabat Cæsar ; nec satis habens vitam ei servavisse, suis beneficiis illum cumulaverat. Statutum fuit atque decretum dictatorem in ipso senatu percussum iri cùm in eo esset ut, ad ulciscendam Crassi cladem ac necem, bellum in Asiam adversùs Parthos inferret.

THEMA CENTESIMUM QUADRAGESIMUM

Cum animo fluctuavisset Cæsar utrùm in senatum se conferret, inconsultè periculum adiit, minimè suspicans suæ vitæ insidiari quempiam ausurum esse. Vix autem ingressus est, cùm conjurati, districtis pugionibus, illum vulneribus confoderunt. Ferunt eum, viso Bruto, exclamavisse : « Tu quoque, mi fili Brute! » jamque non repugnantem togâ caput obvolvisse.

Statim ac Cæsar animam efflavit, percussores ejus, pugionibus armati, urbem peragrârunt clamantes, Romæ regem expiravisse. Istis nonnulli patricii se conjunxe-

5.

runt. At consul Marcus Antonius, lecto Cæsaris testamento, populum tum dictatoris præconio, bellicorumque ejus facinorum enarratione, tum expansâ ejus togâ imbutâ sanguine, et monstratis quæ à suis sicariis acceperat vulneribus, populum, inquam, inflammavit, omnes adeò movit animos, ut plebecula furore incitata conjuratorum domos vellet incendere. Hi Româ excedere præsertim properaverunt, ut plebis furorem devitarent.

THEMA CENTESIMUM QUADRAGESIMUM PRIMUM

Post Cæsaris cædem, inter triumviros, Octavium nempè, Marcum Antonium Lepidumque convenit de summâ potestate in quinquennium dispertiendâ, belloque conjuratis inferendo. Ne deesset undè alerentur ipsorum copiæ, antè omnia, hostes proscriptione exterminaverunt. Cujus ut pateat atrocitas, hoc unum dicam, nimirùm triumviros, ut sibi invicem pergratum facerent, neque sibi genere proximis, neque amicis pepercisse. Omnem exuentes humanitatem, trucidandos tradiderunt, suum fratrem Lepidus, Antonius suum avunculum, Octaviusque Ciceronem qui ipsum quantùm qui maximè adjuverat. Interpositâ capitis pœnâ prohibitum est ne quis ulli è proscriptis succurreret aut præberet perfugium : quo nihil probrosius, promissum est præmium qui illos occidisset, imò civitatis jus servo qui suum interfecisset dominum. Jugulati sunt senatores trecenti, plusque bis mille equites. Pro crimine habebantur divitiæ iis in quibus nulla odii causa inerat. Quamvis publicata fuissent tàm multorum hominum bona, proscriptorum tamen matribus, filiabus et cognatis pecunia irrogata est.

THEMA CENTESIMUM QUADRAGESIMUM SECUNDUM

Triumviris cædibus rapinisque exsatiatis, nihil longius erat quàm ut suum in reipublicæ fautores consilium exsequerentur. Lepido commissâ Romæ custodiâ, duo ejus collegæ profecti sunt in Macedoniam, quò Brutus Cassiusque suas copias collegerant. Numquàm tàm numerosi exstiterant Romani exercitus, quàm illi qui de Romæ

fato mox erant judicaturi (1). Ex utrâque parte erant plus
centum millia hominum, qui omnes pugnando erant
assueti, et quorum alii ambitione, libertatis amore alii
incitabantur. Per Cassium non stetit quin prælio abstine-
retur. Namque, dux uti perspicax, censebat hostes, frumenti et commeatûs inopiâ, vel sinè pugnâ certò esse
ruituros. Attamen dimicatum est, tum quia à Cassio dis-
sensit Brutus, tum quia milites ignaviæ loco habentes
non confligere, conqueri, imò à signis discedere incipie-
bant. Philippis, in Macedoniæ ac Thraciæ confiniis commissum est prælium.

THEMA CENTESIMUM QUADRAGESIMUM TERTIUM

Octavius in pugnâ haud minùs ignavus quàm audax
in militari concilio, infirmæ valetudinis specie, latere
non erubuit. Cujus legiones Bruti operâ profligatæ sunt.
Cùm autem dux iste fugientibus nimis incautè institisset,
cùm Cassium debuisset auxilio juvare, hujusce copias per-
rupit depulitque Antonius. Nesciens Cassius quonam
successu suus collega dimicavisset, ab uno è suis libertis
se interfici jussit. In castra reversi sunt duo exercitus,
ancepsque fuit uter devicisset. Cùm triumvirorum copiis,
cibariorum penuriâ, impenderet exitium, Brutus intelli-
gens quàm sanum fuisset Cassii sui collegæ consilium, non
commisisset ut secundi prælii adiret aleam, ni militum
pertinaciâ id facere coactus fuisset. Quanquam summâ
dimicavit fortitudine, illi accidit ut, deleto prorsùs cornu
cui præerat Octavius, à prælio victus discederet. Tunc
Brutus existimans de libertate conclamatum esse, se ipse
gladio occidere haud dubitavit; vel, ut censent alii, postquàm noctu in tumulo delituisset, se suo gladio ab uno
comitum transfodi jussit.

THEMA CENTESIMUM QUADRAGESIMUM QUARTUM

Post pugnam apud Philippos, Octavius sibi unicè in-
serviens, depellendis duobus suis æmulis totum se dedit.
Primum aliquid prætexuit ut à se removeret Lepidum
cujus eò magis stupenda erat ad honores promotio,

(1) *Hæc dies de nostris controversus judicabit* (Cæsar).

quòd nullâ virtute præditus erat. Triumvir iste ab eo vitam petere haud veritus, satis habuit hanc in contemptu ac latebris exigere. Solus jam Antonius cum illo de imperio contendere poterat. Duo isti æmuli, à se invicem alienati atque deín in gratiam reversi, omnes provincias sibi diviserant. Antonius autem voluptatibus deditus, plurimâ infamiâ, in odia hominum atque in contemptionem ità incurrit, ut Octavius nullum istum criminandi locum prætermittens, eum tandem coram senatu in jus vocaverit. Decreto bello, Antonius, quis credat? inter saltatores versatus, deditusque voluptatibus illud apparavit. Vel amici ejus istam agendi rationem indignè tulerunt, multique ex illis ab eo defecêre. Duo æmuli, priusquàm controversiam suam armis dirimerent, certaverunt uter in utrum acerbiùs inveheretur. Tandem ad arma ventum est, prælioque navali Actiaco fixum atque statutum est imperium.

THEMA CENTESIMUM QUADRAGESIMUM QUINTUM

Antonium terrâ licèt superiorem, Cleopatra impulit ut mari decertaret. Cùm inter pugnam regina ista aufugisset, suîmet oblitus est Antonius, adeò ut ad illam sequendam cuncta prorsùs reliquerit. Octavius, vel quò rectiùs dicam, Agrippa dux ejus, retulit victoriam. Antonii terrestris exercitus, qui ex novemdecim legionibus, equitumque duodecim millibus constabat, illo nequicquàm diù exspectato, ad victoris vexilla convolavit. Ægyptum haud ægrè subegit Octavius. Fertur Antonius, omni spe orbatus, Alexandriæ sibi ipse mortem concivisse. Cleopatra autem timens ne ad Octavii triumphum servaretur, aut aspidis punctu, aut alio veneno istud opprobrii effugit. Ità Cæsaris sororis nepos multâ calliditate multâque astutiâ prætermissâ istius sævitie, quam adhuc juvenis affectabat, summam assecutus est potestatem. Historiæ si fidem adhibeamus, quàm iniquum triumvirum tàm æquum se gessit imperatorem. Sed quamvis tum historici tum poetæ illum copiosè laudaverint, mihi tamen dubium est utrum præclara ejus facinora, quantumvis numerosa facias, horrendam istius triumviratûs maculam funditùs delere potuerint.

De Hierosolymæ obsidione.

Aliquot annis antè Hierosolymæ excidium, cùm quidam ruricola, nomine Jesus, ad Tabernaculorum festum venisset, repentè in templo cœpit clamare : Vox ab oriente, vox ab occidente, vox à quatuor ventis, vox in Hierosolymam et templum, vox in totum istum populum. Nihil obstare poterat quominùs ità diu noctuque per omnes urbis vicos clamaret. Inter optimates nonnulli, isto offensi sermone, apprehensum hunc hominem malè habuerunt. Non commisit ut ad se purgandum aliquid verbi proferret ; adeòque non questus est quòd sic malè haberetur, ut veluti anteà clamare perstiterit. Magistratus aliquid divini inesse existimantes, illum ad præfectum nomine Albinum duxerunt. Eo barbariei processit iste, ut eum virgis cædi ossiumque tenùs lacerari jusserit. At homo ille nihil exorans, nullasque fundens lacrymas, singulos ad ictus solummodo exili ac flebili voce respondebat : Heu! heu! Hierosolyma! Illum Albinus percontatus est undè esset, undè veniret, et quâ de causâ sic loqueretur. At ille nihil respondens, civitatem lamentari perstitit. Quem Albinus insanire existimans, statuit cum dimittere.

Per septennium et menses quinque eo more vixit Jesus. nec quisquam eum vidit cum alio loquentem, vel querentem de iis à quibus quotidiè malè accipiebatur, aut victum sibi præbentibus gratias agentem. Frustrà eum hic et ille percontabantur, solâ mœstâ lamentatione respondebat. Præsertim festis diebus clamantem eum audiebant ; et, quod sanè mirandum erat, quamvis continuò clamaret, vox ejus haud tenuabatur. Quando obsessa fuit civitas, videbant eum circà mœnia incedentem clamamdo : Væ urbi, væ templo, væ populo! Adjecit tandem : Væ mihimetipsi! Ista posteriora vix protulit verba cùm lapide balistâ vibrato interfectus est. Id autem tantùm quarto post cœptam obsidionem anno evenit. Is fuit exitus Jesu, cujus vita adeò singularis fuerat.

THEMA CENTESIMUM QUADRAGESIMUM OCTAVUM.

Annon diceres, ut observavit unus inter celeberrimos Galliæ episcopos, Dei vindictam omnium oculis quasi patuisse isto in homine, qui solummodò ad proferenda ejus judicia vitam tolerabat? Quis dubitet quin ejus virtúte ille indutus fuerit, ut ipsius clamores populi infortuniis congruerent? Ne miremur quòd adeò acerbè interïerit : voluit Deus suam ultionem magis perspicuam facere, patiendo ut qui hujus (1) priùs propheta ac testis fúerat, ejusdem ille victima fieret. Hic Hierosolymæ calamitatum propheta, Jesus vocabatur. Quis non agnoscat Jesu nomen, pacis salutisque vocabulum, luctuoso fore præsagio Judæis, quos eò nocentiores videbat Deus, quòd illud nominis in Salvatore despicatum habebant. Qui eò ingrati animi processerant, ut Jesum gratiam, misericordiam vitamque nuntiantem rejicerent, nonne isti digni erant ad quos mitteret Deus alterum Jesum nil præter horrenda mala, ipsorumque exitium æquè proximum ac terribile denuntiantem?

THEMA CENTESIMUM QUADRAGESIMUM NONUM.

Sub idem tempus, Hierosolymæ multa acciderunt portenta, quæ, ut omnes fatebantur, portendebant calamitates impendentes isti civitati, apud Deum eò magis abominandæ, quòd hominum Salvatorem morte affecerat. Anno undecimo Neronis, cujus imperatoris Romani adeò nobilitata est crudelitas, annoque post natum Jesum Christum sexagesimo quinto, mense aprili, quo celebrabatur azymorum festum, nonâ horâ nocturnâ, circà altare et templum tanta lux orta est, ut planè dilucere diceres, quod semihorâ perstitit. Templi porta orientalis, licèt prægravis foret, quandoquidem ærea erat, eamque ægrè claudebant viginti homines, hæc porta, inquam, per noctem ultrò aperta est, obstantibus nec vectibus ejus ferro instructis, nec ejus pessulis in limen altiùs intrantibus. Templi custodes perterriti nec suî compotes nihil priùs sibi faciendum putaverunt quàm ut irent ducem

(1) *Hujus, nempè ultionis.*

hâc 'de re monituri. Cùm eò hic advenissct, illam haud facilè clauserunt.

THEMA CENTESIMUM QUINQUAGESIMUM.

Paucis post festum diebus, die maii vigesimâ primâ, antè solis occasum, totam per regionem in aere visi sunt currus militesque armati urbem, trajectis plateis, ambientes. Die festo Pentecostes, sacerdotes sua ob munia templum ingressi, repentè audiverunt vocem dicentem : Hinc abscedamus.

Anno sequenti, anno nempè sexagesimo sexto, cùm Cestius, Syriæ præfectus, Antiochiâ Hierosolymam venisset, populumque recensuisset, id imperatori litteris significavit, ut sciret ille magis formidandam esse gentem Judaicam quàm putabat, nedùm negligenda esset. Hìc tùm Judæi effuderunt se obviam Cestio, hunc obsecraturi, ut ipsius auxilio à Flori tyrannide liberarentur. Cùm verò nihil impetravissent, Florusque in dies majori esset odio, nedùm quidquam de suâ ergà ipsos crudelitate remitteret, palàm rebellare ausi sunt, bellumque susceperunt sibi eò luctuosius, quòd ad summum ipsorum gentis exitium excessit (1). Ortum est mense maio anni Jesu Christi sexagesimi sexti.

THEMA CENTESIMUM QUINQUAGESIMUM PRIMUM.

Rex Agrippa omni ope atque operâ enixus est, ut ad æquum et bonum Judæos reduceret. Sed quamvis illis demonstraret quanta esset Romanorum potentia, quidque pariturum esset quod suscipiebant bellum, inanem prorsùs sumpsit operam, atque Hierosolymâ excedere coactus est. Inter maxime seditiosos nonnulli, arce de improviso occupatâ, Romanos in eâ versantes, parcentes nulli, trucidaverunt. Hierosolymæ, Eleazarus, adolescens quo nullus audacior, tuncque templi præfectus, fecit ut persuaderet sacricolis ne ullas jam nisi à Judæis acciperent victimas, nec sive imperatoris, sive Romanorum ergò offerrent, quanquam offerre anteà soliti erant. Quibus cordi erat tranquillitas, ii neutiquam dubitantes quin tàm atrox fa-

_____

(1) *Excessit res ad magnum certamen.* Tit. Liv.

cinus sibi pessimos exitus habiturum esset, ad Florum legatos, aliosque ad Agrippam sedulò miserunt, ut seditio-
nem ab initio compescerent.

THEMA CENTESIMUM QUINQUAGESIMUM SECUNDUM

Florus solo perturbationis flagrans desiderio, ut justas
effugeret accusationes, quas in pace formidandas habuisset (*ou bien :* ne in pace jure accusaretur) non commisit
ut quas à se petebant mitteret copias. Non item de
Agrippâ. Quantumvis indociles pervicacesque gessissent
se Judæi, equitum tamen tria millia Hierosolymam misit.
Hi à pontificibus, primoribus, cunctisque quietem expe-
tentibus adjuti, superiorem urbem expugnaverunt, invitis seditiosis templum urbemque inferiorem occupantibus.
Ambæ istæ factiones per septem dies inter se pugnave-
runt.

Cæsareæ, in Palestinæ urbe, falsorum numinum cultores, cùm in Judæos insurrexissent, plus viginti millia in-
terfecerunt, Florusque, cùm reliquos quibus pepercerant
comprehendi jussisset, in portus eos religatos misit. Hìc
tùm tota gens Judæorum furore inflammata est. Varias in
partes distracti, Syrorum pagos vicinasque urbes depo-
pulari cœperunt. Delebant alias, aliasque incendebant.

THEMA CENTESIMUM QUINQUAGESIMUM TERTIUM

Syri contrà Judæis non pepercerunt. Quotquot appre-
hendebant in oppidis, jugulabant ; adeò ut urbs quælibet
quasi in duos divideretur exercitus, totaque Syria in horrendâ perturbatione versaretur. Videre erat plateas cadaveribus constratas, senes infantibus impositos, mulieresque absque sepulturâ antè omnium oculos propositas.
Nonnullis in urbibus Judæi vel in suos fratres arma induerunt. Scythopoli expulsi ab incolis, coacti sunt in sil-
vulâ se includere, plusque tredecies mille ab istis jugulati
sunt. Quidam nomine Simon, quem suæ genti infestissi-
mum viderant, cùm istud luctuosi eventûs videret, à semet pœnas repetitas voluit, quòd eum ex parte adjuvis-
set. Exclamavit : « Haud immeritò pœnas persolvo ; at
« solâ manu meâ mihi pereundum est. » Tunc errantibus
oculis suos aspexit singulos suumque patrem suis canis

apprehensum suo transfixit gladio ; haud secùs matrem suam jugulavit, necnon suam conjugem suosque liberos qui ictus videbantur appetere, nedùm ullo modo obsisterent. Tandem sublato brachio, scilicet quò magis conspicuum esset istud horrendum facinus, gladium suum capulo tenùs sibi in pectus infixit. Is erat Judæorum furor.

THEMA CENTESIMUM QUINQUAGESIMUM QUARTUM

Judæis eò magis luctuosum fuit Scythopolis exemplum, quòd in illos alias urbes exasperavit. Quis dicat quàm multa millia hìc et illìc occisa fuerint? Tyri, multis trucidatis, ferè cæteri in vincula conjecti sunt. Alexandriæ, horrenda facta est cædes. Præfectus cujus consilia audebant despicere, in eos immissis cunctis militibus qui in urbe Alexandriâ versabantur, hos jussit non modò illis adimere vitam, sed etiam eorum bona diripere, domosque incendere. Judæi, postquàm vim vi repulerunt quàm maximâ potuerunt fortitudine, cedere cœperunt, illosque Romani tum in plateâ tum in ipsorum domibus trucidaverunt, nullâ ætatis vel sexûs habitâ ratione, adeò ut tota regio sanguine inundaretur, numerumque quinquaginta millium æquarent congesta corpora. Reliquos misericordiæ motu servavit præfectus. Vix jussit cæde jam absisti, cùm Romani milites, obtemperando assueti, discesserunt. Haud item de Alexandriæ populo : ab istis cadaveribus ægerrimè abstractus est ; tanto odio Judæos prosequebatur.

THEMA CENTESIMUM QUINQUAGESIMUM QUINTUM

Cestius Gallus, Syriæ præfectus, cùm Judæos armatos passim videret, jam non cessandum putavit. Cum duodecimâ legione nonnullisque auxiliaribus copiis, duce rege Agrippâ, locorum magis gnaro, Antiochiâ profectus est. Incensâ urbe Joppe quam ceperat, cuncti Judæi ad octo millia et ampliùs occisi sunt, in ditionem ejus tota se dedidit Galilæa. Aliquot inter seditiosos qui resistere ausi fuerant, plus mille interfecti fuerunt. Processit Cestius ad urbem Hierosolymam quò Judæi, Tabernaculorum festi gratiâ, convenerant. Qui, armis sumptis, ex urbe catervatim egressi sunt ; atque in Romanos haud sinè magnis

clamoribus irruentes, acies illorum perrupêre, adeò ut
totum Cestii exercitum in periculum adduxerint. At posteà
tanto illis pavori fuit præclara Romani exercitûs instruc-
tio, ut relictâ urbis parte exteriori, in urbem interiorem
atque in templum se receperint. Cestius, incensâ magnâ
ex parte Hierosolymâ, præ regiâ castra posuit, eâ mente
ut urbem superiorem oppugnaret.

THEMA CENTESIMUM QUINQUAGESIMUM SEXTUM

Nihil dubii est quin Cestius, si confestim impetum fecisset, bellum, urbem occupando, fuisset confecturus. Sed
plerique eorum qui equitatui præerant, Flori, Judææ
præfecti, plurimâ corrupti pecuniâ, ab isto consilio eum
averterunt, die sextâ templum oppugnari jussit : in eo
erant Romani milites, ut suffóderent murum, portasque
incenderent; parùm aberat quin seditiosi anim) conci-
dentes ad deditionem venirent; Cestiumque servatoris
instar mox recepturus erat populus; quamvis belli confi-
ciendi tàm commoda se daret occasio, nihilominùs abscessit Cestius. Tunc in Romanos irruerunt seditiosi, nec tantummodò illos à tergo adorti fuêre, sed etiam per multos
dies insecuti sunt, adeò ut totus Cestii exercitus penè pe-
rierit. Impedimenta ejus ceperunt; undè factum est ut
tela tormentaque bellica quæ obsidionis causâ Cestius
admoverat, posteà usui fuerint Judæis urbem Hierosolymam adversùs Romanos defendentibus, nedùm ea usui
essent Romanis illud urbis oppugnantibus. Damasci in-
colæ vix de Romanorum clade audiverunt, cùm omnes
Judæos qui ipsorum urbem incolebant, gymnasio inclu-
sêre cunctosque ad decem millia, nulli parcentes, jugulaverunt.

THEMA CENTESIMUM QUINQUAGESIMUM SEPTIMUM

Ineunte anno Jesu Christi sexagesimo septimo, Antiochiam se contulit Vespasianus; deinque in Galilæam
ingressus cum sexaginta millibus hominum, urbem Ga-
daram primo impetu captam incendit. Indè processit in
urbem aliam, cui præerat Josephus historicus. Hanc, licèt acriter repugnantem, post dies quadraginta obsidionis
occupavit, primâque die julii, ipso jubente, faces ei sub-

diderunt. Hominum quadraginta millia non minùs cecidêre. Josephus in speluncâ ubi latebat comprehensus,
ultrò hosti se dedidit, invitis Judæis qui cum ipso delites-
cebant, quique se invicem occidere quàm deditionem ad
Romanos facere maluerunt.

Ubique varias in partes distrahebantur Judæi non
modo in urbibus singulis, sed etiam in singulis domibus.
Pacem alii, alii bellum expetebant. Hi autem juniores
simulque audaciores prioribus sapientiâ majori atque ex-
perientiâ præditis præstabant. Armis sumptis, apud vicinos deprædabantur : copiis deindè se conjungentes,
totam regionem compilabant, adeò ut majorem quàm
ipsi Romani terrorem incuterent. Tandem istarum factio-
num duces direpto campo satiati, undiquè congregati,
Hierosolymam moderatore destitutam invaserunt.

THEMA CENTESIMUM QUINQUAGESIMUM OCTAVUM

Qui Hierosolymam se receperant seditiosi, ii impunè
ibi latrocinari haud satis habebant. Viros maximè insignes
vel luce palàm necabant. Apprehensos Antipam, publici
ærarii præfectum, multosque alios è civitatis nobilissimis
atque potentissimis, in carcere indictâ causâ jugulaverunt, illos falsò arguentes urbem Romanis traditam voluisse. Potentissimos inter se dissidentes, alios in alios
instigaverunt. Cùm populus, impulsu Anani, cæteros pontifices ætate necnon sapientiâ præstantis, in seditiosos
insurrexisset, isti templo occupato, ibi se præsidio munie-
runt. Quemdam nomine Phaniam, hominem rusticum,
tàmque ignarum quàm qui maximè, veluti theatri personam, sacris vestimentis ausi sunt induere. Hic tùm populus istud atrocis sceleris non ferens, à zelatorum tyrannide se liberare statuit. Hoc quippè præclaro nomine
se dixerant seditiosi, perindè ac si solo religionis egissent
studio.

THEMA CENTESIMUM QUINQUAGESIMUM NONUM

Optimates, plurimique æstimati pontifices, tum in con-
cionibus tum in privatis colloquiis populum incendebant.
Illum sedulò admonuerunt eò impietatis procedere zelatores ut templum indignè violarent, jugumque si subeun-

dum esset, multò satius esse Romanis cum cæteris orbis
gentibus obtemperare, quàm paucis sceleratis. Non dubitaverunt istos adoriri in templo, quod eorum sanguine
pollutum est. Zelatores, acriter pressi, exteriora templi
claustra reliquerunt, ut interiora occuparent. Non commisit Ananus ut portas sacras ab istis clausas perrum-
peret, aut in sacrum locum plebem haud purificatam
introduceret. Zelatorum duces, Eleazarus nempè atque
Zacharias, nihil sibi præstabilius esse putaverunt, quàm
Idumæos arcessere, æquè irrequietam ac violentam gentem, semperque ad ineundum prælium comparatam. Ad
viginti millia accurrerunt. Clausæ erant portæ, id verò
non impedivit quin zelatores, favente vehementi tempestate quæ noctu intervenit, clàm in urbem et templum illos
introducerent.

THEMA CENTESIMUM SEXAGESIMUM

Zelatores, ab Idumæis in urbem atque in templum in-
troductis adjuti, in excubitores sopitos plebemque cæteram tam furenter irruerunt, ut circumjecta templo omnia
loca sanguine inundata fuerint; cùmque illuxit, suprà
octo millia quingenti mortui numerati sunt. Haud satis
habuerunt Idumæi tantam stragem edidisse; sed cùm
in urbem se injecissent, domos diripere, omnesque obvios trucidare cœperunt. Sacricolas præsertim appete-
bant. Interfectorum Anani et Jesu cadaveribus insulta-
vêre, eaque inhumata reliquerunt. Deindè innumeram è
plebe multitudinem mactavêre, prout quemque obvium
habebant. Singulos verò juniores et nobiliores in carcerem conjiciebant, sperantes suas in partes illos adductum
iri; quos alliciendi si spes deerat, atrociter cruciatos trucidabant. Isto modo duodecim millia interemerunt. In
ista corpora vix quispiam noctu tantillùm pulveris audebat manibus injicere.

THEMA CENTESIMUM SEXAGESIMUM PRIMUM

Is erat populi pavor, ut quamvis acerrimis premeretur
doloribus, suos tamen gemitus ac fletus cohiberet, donec
se domi apprimè inclusisset : imò tunc circumspiciebat
an quisquam auscultaret. Idumæos, cùm viderunt quot

et quàm nefanda patrarent zelatores, venisse pœnituit, præsertim autem cùm audivêre primarios cives proditione immeritò insimulatos fuisse. E custodiâ ereptis duobus millibus inter eos quos zelatores in carcere asservabant, Hierosolymâ excesserunt ad suos redituri.

Profectis Idumæis, zelatores quò tunc licentiùs eò atrociùs egerunt. Jamque ab illis nihil formidantes, adversarum partium nobilissimum quemque ac fortissimum mactavêre. Nemo erat cujus perdendi illis præstò non esset causa. Quos si audires, arrogantior hic erat, nec ipsos adibat : ille ad ipsos accedebat familiariùs ; aliis antè bellum ipsos offenderat. Si quis ipsis parcebat, ipsos volebat proditos ; cunctosque, omni remoto discrimine, morte mulctabant.

THEMA CENTESIMUM SEXAGESIMUM SECUNDUM

Certiores facti zelatores, multos, ut ex ipsorum manibus evaderent, ex urbe demigrare Romanis facturos deditionem, portas viasque asservari jusserunt. Haud gravius erat scelus quàm velle ad Romanos transire ; quos de scelere qui solummodò suspecti erant, interficiebantur, ni vitam suam redimerent. Imò nefas erat illos sepeliri, adeò ut cadaveribus viæ consternerentur. Scelesti isti zelatores jus gentium adeò non colebant, ut contrà Dei leges despicerent, auderentque res divinas ludibrio habere, præsertim autem sacra vaticinia, quæ tamen ipsi, inscii quidem, adimplebant. Orto inter eos dissidio, à se invicem cavebant. Prætereà sicarii (seu percussores) Massadam occupaverant, quæ arx ab urbe Hierosolymâ modico distabat spatio. Cùm Romanos cessantes viderent, indè Paschatis nocte egredi ausi sunt, ut circumjectos pagos compilarent, adeò ut tota regio latrocinantibus redundaret. Non quod ista Vespasianum fugerent, sed quòd dùm quiescerent ipsius copiæ, Judæos per se infringi sinebat.

THEMA CENTESIMUM SEXAGESIMUM TERTIUM

Quod Neronis necem secutum est bellum civile, illud in causâ fuit cur abscesserit Vespasianus. Cujus absentia adeò Judæis non fuit emolumento, ut contrà semper crescerent eorum dissidia. Juvenis quidam, nomine Simon, æquè audax atque validus, cùm de pontificis Anani morte audivisset, egressus Massadâ, quò ad sicarios se receperat, in Judææ montes se contulit. Ibi properanter comparatis copiis, adeòque potens factus ut totam Idumæam Judæamque depopularetur, suâ feritate quam latissimè terrorem injecit, castraque transtulit ad portas Hierosolymæ; quæ urbs utrinque oppressa est : nempè intùs à zelatoribus Galilæis, quibus quidam Joannes præerat; atque extrinsecùs à Simone ejusque exercitu. Pejores erant Galilæi. Haud satis habentes divitum domos perscrutari, homines necabant, insultabant mulieribus, prædâque onusti non erubescebant feminas tum fuco tum veste imitari; et quamvis effeminati, haud minùs sævi erant.

THEMA CENTESIMUM SEXAGESIMUM QUARTUM

Idumæi qui in Joannis exercitu versabantur, ab eo alienati sunt. Istum adorti, multos ex ejus zelatoribus occiderunt; captoque atque incenso quò se recipiebat palatio, illum ac milites ejus in templum propulerunt, Tunc timuerunt æquè ac cives ne Joannes in desperationem adductus urbem noctu incenderet ; nulloque repugnante, decretum est Simonem ascitum iri. Ubi in urbem ille ingressus est, templum aggressi sunt; sed frustrà, adeò acriter pugnavêre zelatores. Hierosolymæ tres vigebant factiones : Simon urbem superiorem, nempè montem Sionem occupabat, necnon inferioris urbis partem. Zelatores duas in partes discesserant : Eleazarus filius Simonis qui primus illis præfuerat, indignè ferebat quòd Joannes tum suâ audaciâ tum suis dolis dominatum occupavisset. Cùm ab eo zelatores partim suâ disjunxisset solertiâ, munitionibus in templo se tuitus est. Quantò superabatur numero, tantò præstabat loci opportunitate. Joannes templi exteriora ac porticus necnon urbis inferioris partem tenebat.

THEMA CENTESIMUM SEXAGESIMUM QUINTUM

Utrinque Joanni pugnandum erat : foris, adversùs Simonem plebemque Hierosolymitanam ; intùs, adversùs

Eleazarum zelatoresque septos munitionibus. Dùm se invicem sæpiùs aggrederentur, pleraque templo adjacentia incenderunt corruperuntque frumentum et alia cibaria, quæ ipsis ab exercitu Romano posteà obsessis magnoperè profuissent. Quo in tumultu res divina adhuc fiebat. Eleazarus ejusque milites, rem divinam facturos, priùs quidem excussos, admittebant; cùm autem illum Joannes sæpè lacesseret telis lapidibusque tormentorum ope vibratis, interdùm fiebat, ut sacricolæ, aut illi quorum ergò sacrum faciebant, occiderentur vel sauciarentur, adeò ut templum sanguine et cadaveribus redundaret. Eleazarus ejusque socii oblatis in templo servatis alebantur, nec dubitabant ea edere, licèt immundi, imò istis se ingurgitare sæpiùsque inebriari. Ea erat istorum zelatorum religio. Cùm imperator electus fuisset Vespasianus, Titus ejus filius, Alexandriâ se contulit Cæsaream, quò suum convocavit exercitum, ex quatuor legionibus, vicinorumque regum copiis auxiliaribus conflatum. Deindè ad Hierosolymam iter dirigens, ferè ad millesimum ab urbe passum castra posuit.

THEMA CENTESIMUM SEXAGESIMUM SEXTUM

Innumera multitudo quam conclusit Hierosolyma, quandoquidem hæc paulò antè Pascham fiebant, quidquid cibariorum ibi erat, brevi absumpsit. Urbem invasit pestilentia quam fames secuta est. Azymorum die, scilicet aprilis decimâ quartâ, anni septuagesimi Jesu Christi, cùm Eleazarus templi, cujus interiorem tenebat partem, portas aperuisset populo Deum adorare cupienti, Joannes, qui cæteris præerat zelatoribus, non commisit ut illud occasionis prætermitteret, unàque cum populo plurimos è suis, licèt immundos, introduxit. Vix ingressi, quæ occultaverant arma ostenderunt, interfectisque multis Eleazari zelatoribus, templi partem interiorem haud ægrè occupaverunt. Sic ad Joannis partes redivit tota zelatorum factio. Suprà octo millia hi erant quadringenti numero; partesque Simonis urbem occupantis ex decem millibus Judæorum, Idumæorumque quinque millibus constabant. Quæ ambæ partes, quamvis inter se dissiderent, adversùs Romanos nihilominùs coalescebant.

THEMA CENTESIMUM SEXAGESIMUM SEPTIMUM

Cùm ad urbem appropinquâsset Titus, et in eam pei
dejectam muri partem maii die tertiâ ingressus fuisset,
totius partis septentrionalis usque vallem Cedron potitu:
est. Tribus autem illic muris armata erat Hierosolyma
Quintum post diem, Titus secundi quoque muri parte
dejectâ, urbem attigit novam, atque ad tertium murun
turrimque Antoniam pervenit. Ibi aliquandiù stetit : nam
que Judæi, cùm in eum eruptiones fecissent, tormenta
ejus incenderunt. Frustrà omnem adhibuit lenitatem,
obsessosque per Josephum historicum allocutus est
seditiosos commovere haud valuit. Cùm è plebe nonnull
aufugissent, quò vellent eundi his Titus copiam fecit. A
Joannes Simonque custodiis portas muniebant, adeò u:
Hierosolymâ excedere haud faciliùs possent Judæi quàn
Romani eò irrumpere.

Fames tamen intùs jam acriter ingravescebat. Nil frumenti supererat; atque factiosi in domos irruebant ut ea:
scrutarentur. Si quid frumenti reperiebant, habitatore:
malè accipiebant quòd non patefecissent ; sin autem nihil
eos cruciabant causantes eos id solertiùs abscondisse.
Inspectis hominibus, judicabant à lapsu adhuc se susti-
nentibus abundè adesse cibaria.

THEMA CENTESIMUM SEXAGESIMUM OCTAVUM.

Multi pro frumenti mensurâ, pauperes autem pro hor-
deo clàm suas hæreditates cedebant. Deindè includentes
se in domorum suarum parte penitissimâ, alii granum
licèt crudum edebant, alii ex eo panem conficiebant.
prout plùsve minùsve urgebant fames et pavor. Nullib:
videre erat mensas epulis instructas : ab igne carnen
semicrudam retrahebant, sibique invicem extorquebant.
Præstabat enim quisque robustissimus; pudoremque
fames excusserat. Panem tollebat ex sui mariti uxor, ex
sui patris ore filius, et quod magis indignum est, matei
ipsa ex ore infantis sui inter ipsius brachia pereuntis.
Seditiosorum aspectu se subtrahere non poterant. Clau-
sum ostium cibaria' adesse indicabat. Quo perfracto,
adstantes premendo faucibus, illis frusta vix non eripie-

bant. Ætate provectos panem suum defendentes percu-
tere : mulieres quod manibus tenebant abscondentes
arripere capillis : rapere pueros cum pane quem tenebant,
illosque ad terram allidere.

THEMA CENTESIMUM SEXAGESIMUM NONUM.

Suam rabiem effundebant seditiosi præsertim in eos
qui, non exspectantes, dum ingressi fuissent frusta sorbuerant. Cruciatus quos adhibebant, æquè turpes ac sævi,
hùc sæpè solummodò recidebant ut panem unum aut
farinæ pugillum detegerent. Non quòd istos seditiosos
fames stimularet, sed quòd diebus multis cibos volebant
præparare. Illos non pudebat vel pauperibus eripere
herbas quas hi noctu vitæ suæ periculo extrà urbem collegerant, abnegantes etiam illis partem quam per Deum
immortalem ab ipsis petebant. Pro summo habebatur
beneficio illis vitam non adimere. Ditissimos autem insi-
mulabant proditione aut transfugio, illosque interficiebant.
Simon à se spoliatos ad Joannem, Joannesque alios ad
Simonem mittebat. Nefas unum agnoscebant, nempè
prædam inter se non partiri. Suam exsecrabantur gentem,
exterisque gentibus minus odium testabantur.

THEMA CENTESIMUM SEPTUAGESIMUM.

Ex istis tamen seditiosis nonnullos fames cogebat,
veluti cæteros, egredi ut herbas perquirerent. Illos Titus
à suis equitibus explorari jussit. Cum istis seditiosis
apprehendebantur quoque nonnulli plebeii qui absque
prælio hosti non audebant se dedere, veriti ne idcircò in
suas uxores suosque liberos seditiosi animadverterent.
Qui armati deprehensi fuerant, hos Titus jubebat cruci-
figi, neutiquam attendens utrùm è seditiosis essent, necne.
Uno quoque die vel quingenti, pluresque interdùm, cru-
cifigebantur, adeò ut deessent cruces, locusque istis
figendis. Milites, ludibrii causâ, alios in alio corporis
habitu cruci affigebant. Sane quidem seditiosi plebem
isto accendebant spectaculo ; raptatisque in murum cru-
ciatorum cognatis et amicis demonstrabant, quàm suave
esset Romanis se dedere. Titus nonnullos amputatis ma-

nibus ad eos remisit; nihil autem illos terrere aut len
poterat.

THEMA CENTESIMUM SEPTUAGESIMUM PRIMUM

Titus, ut seditiosos planè inediâ consumeret, illos pro
sùs includere statuit, suasque jussit copias totam cir
urbem murum extruere, duas leucas circuitu patente
munitumque tredecim modicis propugnaculis, in quib
nocte ac die excubias agebant. Quod opus, quantumcu
que foret, intrà triduum confectum est. Inclusâ ad eu
modum Hierosolymâ, fames integras tollebat famili
adeò ut ædes mulieribus ac infantibus mortuis, vici se
bus consternerentur; videre erat in plateis juvenes inf
tos, spectrorum instar prorepentes, deinque repentè co
cidentes. Deerant vires ac animus ut mortuos sepelire
Nonnulli alios humando moriebantur; multi sepulc
suis se committebant ut mortem ibi exspectarent. Ja
non lacrymas fundebant, jam non clamores audiebant
adeò alto silentio et quasi nocte luctuosâ obstupel
civitas. Ædes aperiebant seditiosi, ut mortuos spoliare
Quibus exspoliatis, corridentes abibant.

THEMA CENTESIMUM SEPTUAGESIMUM SECUNDUM

Eo barbariei venerant zelatores, ut in cádaveribus a
etiam in spirantibus adhuc gladiorum suorum mucron
explorarent. Si quis autem rogabat (1) ut conficeret
isti abnuebant. Morientes ad templum oculos conv
tebant, quasi querentes quòd Deus scelestos istos adh
vivere sineret. Primùm mortuos sumptu publico huma
dos curabant, ne fetore implerentur; posteà cùm nimi
esset numerus, illos è muro in fossas dejecerunt. Feru
Titum istas cadaveribus refertas videntem, atque odo
emisso læsum, suspiravisse, eumque sublatis manibus n
dubitavisse Deum attestari id suum opus non esse; qu
bus miseriis ut finem faceret, jussit suos ab incœptis n
desistere.

Qui poterant ad Romanos evadere, ii hydropicoru
instar tumebant, moxque rumpebantur, quòd reper

_____

(1) *Quam si arcessebam, abibat.*

nimio cibo se obruerant. Unus inter illos transfugas à Syris deprehensus est, cùm ex suis excrementis nummos aureos extraheret. Namque auri magna vis in urbe erat; illudque sorbuerant, ut perquirentibus seditiosis subducerent.

THEMA CENTESIMUM SEPTUAGESIMUM TERTIUM

Cùm per castra percrebuit auro refertos esse transfugas, his Arabes Syrique ventrem aperiebant eorumque viscera scrutabantur. Unam intrà noctem vel bis mille sic exenterati reperti sunt. Quo audito Titus denuntiavit quemlibet istiusmodi barbariæ convictum morte mulctatum iri. Id non impedivit quin Arabes et Syri multos Judæos, insciis Romanis, eviscerarent. At plerique nihil reperêre, atque incassùm tàm inhumanè egerunt.

Unus è transfugis Tito narravit per unam portam sibi commissam, suprà centum quindecim millia corporum, octingenta octogintaque ablata fuisse, ab aprilis die decimâ quartâ, quà cœpta erat obsidio, usque ad primam julii diem; solummodò autem memorabat pauperes qui de publico sepeliebantur, quamobrem eos numerabat, ut gestantibus operæ pretium persolveret. Cæteri autem à consanguineis humabantur. Dixerunt alii transfugæ sexcenta millia corporum pauperum per portas projecta fuisse, atque innumerabilem esse cæteram multitudinem; cùm autem pauperes tollendi jam deesset facultas, eò necessitatis ventum est, ut congererentur in amplissimis ædibus quæ, ubi cadaveribus redundabant, obserabantur.

THEMA CENTESIMUM SEPTUAGESIMUM QUARTUM

Transfugæ insuper narrabant frumenti mensuram talento, scilicet saltem bis mille libris, venire; et cùm jam non possent egredi ut herbas colligerent, nonnullos videre erat qui vel cloacas perscrutati, ut vetus stercus bubulum ibi exquirerent, vorare haud cunctarentur quod anteà vel aspicere non potuissent. Ista audire Romani non poterant quin perhorrescerent; factiosi autem Judæi nullâ moti commiseratione cernebant. Cùm ideò istorum furor ingravesceret, non reformidabant pedibus calcare congesta cadavera quibus redundabat civitas, ut ad præ-

lium procederent adversùs alienigenas, civium suorui
adhuc cruentati sanguine. His jam non spes victoriæ, se
effugii desperatio, animos suggerebat.

Haud sinè multo labore Romani novos aggeres extrux
runt, adeò rara erat materia : namque ferè vel a
quartam leucam quærenda erat. Regionem totam arbc
ribus nudaverunt, adeò ut Hierosolymæ circumjecta loc
quamvis priùs admodùm amœna, prorsùs deturpata vi
agnosceretur.

THEMA CENTESIMUM SEPTUAGESIMUM QUINTUM.

Titus post sæva equidem prælia expugnatam arce
Antoniam, licèt acriter obsistentibus Judæis, dirui
potuitque tandem ad templum accedere julii die decin
septimâ, quâ, deficientibus sacricolis, sacrificium perp
tuum desierat : quæ res populo quàm maximo fuit dolor
Titus tum per Josephum tum per se ipsum rursùs, i
frustrà, conatus est seditiosos, haud expugnato loc
sancto, ad deditionem impellere. Templi duas exterior
porticus, illud ad septentrionem occidentemque sepier
tes, occupavit. Cùm illarum porticuum partem Judæi ja
incendissent, reliquam partem Romani incenderunt.

Fames tamen in urbe in dies ingravescebat. Si v
minimùm probabile erat in domo aliquâ cibos adess
erumpebat bellum, et qui sibi invicem erant charissim
ii secum invicem manus conserere nequaquam dubit
bant. Videre erat latrones, canum instar rabie percitorun
cursitantes, pulsantes ostia atque in easdem domc
unam intrà horam bis terve irruentes. Nullâ re dens ab
tinebat, ne iis quidem quæ belluis maximè immund
haud erant usui. Non commiserunt, ut zonas suas, ai
solearum suarum corrigias, vel scutorum suorum pell
omitterent.

THEMA CENTESIMUM SEPTUAGESIMUM SEXTUM

Accidit ut mulier quædam, nomine Maria, Eleaza
filia, ortu suo haud minùs clara quàm suis opibus, i
urbe, veluti cæteri, inclusa fuerit. Quidquid attulerat,
eripuerunt seditiosi, tandemque reliquas illius gemma
imò et cibum quem singulis diebus quæritans vix rep

riebat. Dolore percita, contumelias ac maledicta in istos
congerit ; mortemque adeò non horrebat ut contrà nihil
longius ei esset, quàm ut eorum interiret manibus. Tandem tàm fame quàm desperatione exstimulata, infantem
suum quem suo alebat lacte apprehendit, illumque errantibus aspiciens oculis, dixit : « Puer infelix, quibus-
« nam ego servo te ? Nùm ut fame pereas, an ut Roma-
« norum fias servus, an ut in istos seditiosos etiam
« pejores incidas ?» Tunc amore materno haud coercita,
sustinet illum occidere, eum torret, mediam comedit partem
et reliquam partem abscondit. Odore carnis allecti accurrerunt seditiosi, strictisque gladiis mulieri citam minati sunt
jugulationem, ni sibi caro ostenderetur. « Vobis ego, ait
« illa, insignem partem servavi, » infantisque sui reliquam
partem antè eorum oculos proposuit. Quantumvis feroces,
perhorruerunt, eamque fixis intuentes oculis, immoti nec
suî compotes torpebant.

THEMA CENTESIMUM SEPTUAGESIMUM SEPTIMUM

Maria sibi constans perrexit : « Infans meus ille est;
« illum ego occidi ; à me vos quidem potestis illum come-
« dere. Nùm vos muliere delicatiores estis, nùm vos
« matre amantiores ? » Belluis ferocissimis sæviores,
nihilominùs intremuerunt, nihilque priùs faciendum sibi
putavêre, quàm ut se foras proriperent. Per totam urbem
de exsecrando facto mox percrebuit. Horruit quisque,
perindè ac si istud ipse admisisset, nec poterat quin cu-
peret sortem eorum qui à vitâ migraverant, priusquàm
erumperet istiusmodi calamitas. Ægrè crediderunt Romani. Nonnulli equidem miseratione commoti sunt ; at
plerique quibus horrorem incutiebat istius modi narratio,
isti miseræ genti etiam magis infensi evasêre. Titus non
potuit quin rursùs Deum testem adhiberet, istos bellum
voluisse, cùm pacem et abolitionem sibi ab ipso oblatas
accipere debuissent. Ità adimpletum est, et quod per
Moysen Deus suæ plebi universæ minatus fuerat, et quod
specialim Hierosolymæ filiabus prædixerat Jesus Christus, nempè venturum esse diem quo haberentur felicia
ventres steriles et ubera quæ non lactavissent.

6.

THEMA CENTESIMUM SEPTUAGESIMUM OCTAVUM

Mensis augusti octavâ die, Romani secundum templi ambitum oppugnare cœperunt : sed quamvis omnibus conniterentur viribus, muros ejus arietibus demoliri, portarumque limina auferre nequivêre, tum ob saxorum amplitudinem, tum ob validas eorum suffrenationes. Nec etiam potuerunt ad porticus scalas admovere, adeò acriter Judæi repugnabant. Cùm igitur Titus secundi ambitûs templi portas incendi, coactus quidem, jussisset, flamma attigit porticus, quæ per reliquam hanc diem totamque noctem sequentem flagrârunt. Titum ejusque duces tenebat templi corpus servandi desiderium ; at augusti decimâ die, Judæi illud tuentes, cùm irruissent in Romanos qui, jubente Tito, secundi ambitûs incendio compescendo operam dabant, in templi corpus retrusi sunt. Tunc unus è Romanis militibus, injussus quidem, sed quasi divinâ vi impulsus, ardentem facem ex isto igne extractam, instigante altero milite, projecit in unam è fenestris inauratis conclavium templo septentrionem versus adjunctorum. Flamma mox erupit : frustrà Titus ipse eò advolavit. Is erat tumultus, ut ad obsequium milites adigere nequiverit. Cùm ignis ipsam templi partem interiorem invasisset, illud ex toto absumpsit, quamvis omni conatu opprimeretur.

THEMA CENTESIMUM SEPTUAGESIMUM NONÙM

Sic adimpletum est quod prædixerat Jesus Christus, nempè destruendum esse templum, nec in eo lapidem super lapidem relictum iri. Exustum est illud posterius templum eodem die ejusdem mensis, quo prius à Nabuchodonosore combustum fuerat. Quotquot ibi adfuêre trucidati sunt, ætatis, sexûs, conditionnis omni remoto discrimine : altare congestis circumdatum erat cadaveribus : latebat pavimentum, adeò sanguine et cæde opertum erat. Soli seditiosi, stricto gladio, evasêre, ac in montem Sionem se contulerunt. E plebe quæ in templo periit, sexies mille erant, homines, mulieres, pueri, quos deceperat pseudopropheta, quosque eò ex urbe adduxerat dicens, sic jussisse Deum, ibique eos ab illo salutis pignora accepturos esse. Multi erant istius modi deceptores, quorum ope plebem detinebant tyranni, impediebantque ne Romanis se dederent. Combusto templo, Romani præ portâ orientali sua vexilla fixerunt, atque ausi sunt in ipso loco sacrificare fictis diis, quibus cooperta erant ista vexilla.

THEMA CENTESIMUM OCTOGESIMUM

Cùm seditiosi eò insolentiæ processissent ut noluerint victori se permittere, adeò iratus est Titus, ut incensâ ex toto urbe inferiori, superiorem urbem oppugnaverit. Quò cùm ingressi fuissent Romani, die octavâ septembris ejus·dem anni, scilicet anni septuagesimi Jesu Christi, omnia fero et incendio vastaverunt. Cùm reliquas tum templi tum urbis partes in totum evertissent, terram aratro subverti jussit Titus. Quamdam murorum partem, occidentem versùs, solummodò servavit cum tribus turribus, ut ex istarum rerum pulchritudine cognoscerent posteri quanta fuisset olim istius infortunatæ civitatis magnificentia. Tanta fuit præda, ut aurum dimidio minoris in Syriâ valuerit (ou bien : ut auri pretium in Syriâ ad dimidium decreverit). In cloacis subterraneis reperta sunt circiter bis mille corpora Judæorum qui fame aut morbo interierant, vel qui sibi invicem vitam ademerant, potiùs quàm Romanis deditionem facerent. Ambo tyranni Joannes et Simon qui ibi delituerant, tandem se dedidêre, triumphoque isti servati sunt. Numerant vel undecies centum millia Judæorum per istud obsidionis mortuorum, et nonaginta septem venditorum. Vix autem istos volebant emere.

THEMA CENTESIMUM OCTOGESIMUM PRIMUM

Titus coronas sibi à gentibus vicinis oblatas abnuit, dicens, id opus suum non esse, atque vindictæ Dei Judæis irati se duntaxat ministrum fuisse. Hierosolymæ legionem reliquit, quæ istius rudera custodiret; comitantibusque duabus aliis legionibus, rediit Cæsaream, quò omnes captivos cum totâ prædâ congregavit, ibique per reliquam anni septuagesimi partem commoratus est, dùm prospero tempore in Italiam per mare iter faceret. Cùm Romam appulisset, de Judæâ cum Vespasiano patre suo

triumphum egit. Quo in triumpho ducti sunt Joannes et
Simon, seditiosorum duces, cum septingentis Judæis corporis formâ inter cæteros conspicuis. Ut mos erat, Simon,
tanquam hostium dux, ultimo affectus est supplicio. Si
undecies centum millia in obsidione mortuorum annu-
meres, hoc in bello varios per casus desiderati sunt quadringenti nonaginta Judæi, ultrà mille trecenta triginta
septem millia. At quantùm abest ut omnes numerati fuerint! Hæc belli Judaici historia græcè scripta fuit à Jose-
pho, quem captum imperator in libertatem vindicavit.
Cùm Josephus testis oculatus fuerit, atque in Judaico
perstiterit cultu, injuriâ sanè suspicarentur illum voluisse
demonstrare adimpleta fuisse quæ Jesus Christus prædixerat.

THEMA CENTESIMUM OCTOGESIMUM SECUNDUM

Nemo potest non expavescere, dùm apud Josephum legit quod isto in bello patratum est, et præsertim quæ inhumanè gesserunt zelatores, quorum operâ ad sui ultionem utebatur Dei justitia. Quemque fugiebat, ait quidam
auctor, undè istis inditum esset illud nominis, aut quarè
progenies æquè impia ac sanguinis avida, simul Deo,
templo, patriæ suæ ac naturæ ipsi infensa, hoc tituli
usurpare auderet. At si vel minimùm ad rem animum in-
tenderis, videre erit istos potiùs quàm Romanos haud
impari tum Hierosolymæ sceleribus, tum pœnis quibus
digna erat, zelo flagravisse. Istud harpiarum tolle, intùs
quieta fuissent omnia, atque miserrimo cuique fuisset solatium, quòd incumberet necessitas. Multis aliis urbibus,
fatendum est, perferendæ fuerunt obsidionis, aut famis,
aut pestis acerbitates; at inauditum est, ad miserias quæ
verbis exprimi non possunt, nonnullis à civibus adductos
fuisse cæteros; illos eò furoris processisse, ut suis fratribus vel postremum panis frustum eriperent, atque senes,
mulieres, parvulos horrendis torquerent cruciatibus, dum
ipsi eorum miseriarum gauderent spectaculo, secum tamen capitali odio belligerantes, nec unquàm conjuncti
nisi ut nefaria patrarent.

THEMA CENTESIMUM OCTOGESIMUM TERTIUM

Singulare est semperque erit istud exemplum; at necessarium erat id exemplum singulare, seu ut quod prædixerat Jesus Christus ità verum fieret, seu quò Hierosolymæ supplicium in eâ re propiùs accederet ad horrendum scelus quod admiserat suum Deum crucifigendo, et cujus exemplum neque unquàm esse potuit, neque unquam poterit. Ecquid apertiùs divinam demonstrat ultionem, quàm multitudo eorum qui à Romanis antè fratrum suorum oculos crucifixi fuerunt, atque barbaries exercita in ipsos transfugas, qui sibi in Romanorum castris aliquid levamenti et securitatem promiserant, nedùm cruciatus suspicarentur? Quidquid crudelitatum in scelestis crucifigendis potest exerceri, quidquid contumeliarum ad horrendum istud supplicium potest accedere, adhibitum est à militibus qui istis miseris eò lubentius insultabant, quòd irâ atque odio incendebantur. Quis exhorrescens non videat in istâ multitudine Judæorum in Hierosolymæ conspectu crucifixorum, crudeliter cæsorum virgis priusquàm crucifigerentur, cunctisque per istud supplicium læsorum contumeliis; quis, inquam, in istius modi supplicio potest non agnoscere justas pœnas furoris quo Judæi iisdem cruciatibus iisdemque opprobriis Messiam affecerant?

PIIS DE REBUS

THEMA CENTESIMUM OCTOGESIMUM QUARTUM

Diva Genovefa Nannetoduri propè Lutetiam, ferè anno Jesu Christi quadringentesimo ortum habuit. Circiter septimum duntaxat annum attigerat, cùm sanctus Germanus, episcopus Antissiodorensis, sanctusque Lupus, Trecensis episcopus, per Nannetodurum iter egerunt, in Angliam ituri, ut Pelagianæ hæresi adversarentur. Uterque tantæ sanctitatis existimationem sibi pepererat, ut ubi illos Nannetodurum advenisse auditum est, magna hominum multitudo circà eos confluerit, ut viri sancti ipsis benè precarentur, (*ou bien :* ut illorum benedictionem acciperent). Hùc à patre suo suâque matre deductam Genovefam, in mediâ turbâ afflatu divino internovit sanctus

Germanus ; et cùm rogata accessisset, patri ejus ac matri
ille dixit, coram Deo magnam fore hanc parvulam filiam,
ejusque exemplo ad eum multos adductum iri. Dein ab eo
interrogata Genovefa utrùm se Deo devotam vellet, respondit hoc uno se flagrare desiderio. Die posterâ sanctus
episcopus hanc, remotis arbitris, percontatus est an quod
sibi pridiè promiserat recordaretur. « Recordor, non du-
« bitanter illa respondit, speroque id me Dei auxilio
« tuisque precibus servaturam esse. » Tunc sanctus Germanus in terram aspiciens vidit cyprium numisma cruce
signatum; hoc ei dono dedit, obtestans illam ut id collo
suo appensum gereret.

THEMA CENTESIMUM OCTOGESIMUM QUINTUM

Aliquanto post amborum sanctorum præsulum profec-
tionem, Genovefæ mater, die quâdam sacram ædem pe-
tens, illam manere domi coegit. Frustrà eam Genovefa
obsecravit ut ipsam eò comitandi sibi copiam faceret.
Mater nec suæ filiæ lacrymis nec precibus mota, inexorabilis perstitit; fervidis ejus efflagitationibus vexata, tàm
vehementi exarsit iracundiâ, ut ei alapam impegerit. Furoris sui illicò pœnas dedit. Amisit oculos, et penè duos
annos lumine orbata est. Tandem recordata quod ipsi
sanctus Germanus prædixerat, jussit suam filiam aquam
è puteo haustam sibi afferre, eamque crucis signo mu-
nire. Quam cùm ei attulisset Genovefa, vix illa bis terve
sibi lavit oculos, cùm planè visum recepit.

Ab anno ætatis decimo quinto Genovefa cœpit bis tantum modò intrà hebdomadem cibum capere, nempè die do-
minico, quintâque feriâ; atque his ipsis diebus nihil aliud
cibi sumebat præter panem hordeaceum et fabas ac unâ
aut duabus hebdomadibus coctas, nec unquàm nisi
aquam potabat. Tàm austero jejunio adjumento erant
preces fervidæ et quasi perpetuæ; tantamque vim lacrymarum coram Deo effundebat, ut locus in quo solebat
orare istis difflueret.

THEMA CENTESIMUM OCTOGESIMUM SEXTUM

Tanta virtute licèt prædita Genovefa, atrocissimis nihilominùs calumniis impetita est. At illa virtutem spectatis-

simam exhibuit, nedùm vindictæ desiderio frenos remitteret, suisque inimicis ac se calumniantibus secretò oravit.
Divus Germanus, in Angliam iterùm profecturus, iter egit
per Lutetiam, quò diva Genovefa, mortuis ipsius parentibus, se receperat ad matronam quæ de fonte sacro olim
susceptam ad se advocaverat. De Genovefâ procul dubio
inquisivit sanctus episcopus. Hic tùm plebecula in illam
debacchata est ausaque virtutem ejus in hyprocrisin ac
superstitionem vertere. Sed frustrà Genovefam probris
laceraverunt; sanctus præsul tàm atrocibus calumniis
neutiquam fidem adhibens, volensque demonstratum de
illâ se longè aliter sentire, illam invisit, et reverentiam
quam omnes demirati sunt adversùs eam adhibuit.

Attila, qui se ipse Dei flagellum nuncupabat, devastatis
multis imperii Romani provinciis, in Galliam cum formidando exercitu pedem intulerat. Cùm istud nuntii
Parisiis trepidationem fecisset, cives suâ in urbe haud
tutos se existimantes, constitutum ac deliberatum habebant in oppida munitiora cum suis bonis se recipere.

THEMA CENTESIMUM OCTOGESIMUM SEPTIMUM

Pavore perculsâ totâ Lutetiâ, congregatas matronas
Genovefa hortata est, ut precibus, vigiliis ac jejuniis
iracundiæ divinæ flagella averterent. Illi fidem adhibuêre,
pluresque dies in æde sacrâ orando egerunt. At longè
abfuit ut homines Genovefæ adhortationum rationem
haberent. Frustrà illis demonstravit eos Deo confidere
debere, urbem eorum servatum iri, urbes autem in quas
se receptos volebant à barbaris diripiendas et vastandas
esse; illam pseudoprophetidem appellârunt, eòque rabiei
adversùs eam processêre, ut necem ei vellent machinari.
Sed eo temporis puncto, quo cuncta Genovefæ formi-
danda videbantur, (ou bien : quo in extremum discrimen
venisse videbatur Genovefa), animorum vel maximo
furore percitorum repentè divinitùs tanta facta est mu-
tatio, ut prava sua adversùs illam consilia jam tùm abje-
cerint; et cùm viderunt suam ad urbem, prout prædixerat Genovefa, Hunnos non accedere, hanc, dum vixit,
nunquàm non venerati sunt, fidemque ei habuêre. Pro
singularis sanctimoniæ præmio, miraculorum munere
donata est, adeò ut opem ejus imploraturi undiquè accur-

rerent. Ineunte sexto sæculo obiit, ferè nonaginta annos
nata. Humatum est corpus ejus in æde sacrâ sanctorum
apostolorum Petri et Pauli, quæ nunc sanctæ Genovefæ
nomine insignitur.

THEMA CENTESIMUM OCTOGESIMUM OCTAVUM

Quantamcunque mirationem faciant ea quibus referta
est sancti Simeonis Stylitæ vita, caveamus tamen ne illa
in dubium vocemus, quandoquidem referuntur à præsule
Theodoreto, qui inter antiquitatis ecclesiasticæ sciptores
gravitate et judicio spectatissimos jure quidem annu-
meratur. Sanctum Simeonem suis viderat oculis, et cum
eo sæpè sermonem habuerat. De illo adhuc vivente bre-
viter scripsit, profitens omnes suî coævos sibi testes
adesse.

Simeon in quodam Ciliciæ pago ortum habuerat. Quem
suus pater, qui pastor erat, suas oves pascere à pueritiâ
edocuit. Cùm die quâdam quâ pecus, nive obstante,
egredi non poterat, Simeon in ædem sacram se contulisset, ipso audiente, istæ Evangelii voces lectæ sunt : «Beati,
« qui lugent ; beati mundo corde. »

A pio sene quæsivit quomodò attingi posset illa felici-
tas. « Illam assequimur, respondit senex, jejunando,
« atque variis diei horis et per noctem orando, ut fit in
« monasteriis. Mi fili, adjecit, perferenda sunt fames et
« sitis, injuriæ atque opprobria ; oportet ingemere, la-
« crymari, vigilare ; morbo velut valetudine uti ; nullo-
« que exspectato solatio, ab hominibus vexari. »

THEMA CENTESIMUM OCTOGESIMUM NONUM

Simeon hìc tùm duntaxàt decimum tertium annum
attigerat. Attamen sancti senis verba animum ejus adeò
commoverunt, ut postquàm Deum oravisset ab eo regen-
dus, sese receperit in monasterium, in quo octoginta
monachi asperrimis pœnitentiæ laboribus se exercebant.
Simeon omnes sodales suos corporis afflictationibus brevì
superavit. Namque solus unâ hebdomadis die edebat,
cibumque suum pauperibus largiebatur ; cæteri verò
altero quoque die cibum capiebant. Hanc cibi abstinen-
tiam corporis vexatione sanè singulari cumulavit. Cùm

die quâdam ivisset aquam è puteo hausturus, situlæ fune renes suos adeò arctè adstrinxit, ut in carnem penetra- verit ; quod solo odore et distillante sanguine patefactum est. Haud sanatum est vulnus nisi post biennium : quo facto, domui præpositus illum rogavit ut discederet, ne exemplum ejus noxium esset cæteris. Tunc in casulam derelictam se recepit, ubi Moysis, Eliæ ac Jesu Christi jejunium imitandi, omnemque cibum per totam Quadra- gesimam sibi subtrahendi consilium cepit. Narrat Theo- doretus illum, cùm ipse ista scriberet, jam octies et vicies quadragesimam eo modo traduxisse.

THEMA CENTESIMUM NONAGESIMUM

Simeon, postquàm tres annos in hâc casulâ habitavisset, in summum montem ascendit, ubi ambitum è lapidibus absque arenato conficiendum curavit, ibique se interclu- sum tenuit, statutum habens sub dio vivere, aeris injuriis exposito corpore. Trahebat crassam è ferro catenam, viginti cubitos longam, cujus extrema hinc ad ingentem lapidem, illinc ad pedem ejus dextrum alligabantur, ne indè, quamvis voluisset, posset egredi. Posteà verò Me- lecii, patriarchæ Antiocheni vicarii, qui ipsum inviserat, obsequens consiliis, extemplò opificem accersivit, qui istud catenæ avelleret.

Hìc tùm de illo ubiquè audiri cœptum est. Ad eum multos ægrotos adducebant, rogantes ut illos sanos face- ret. Qui voti compotes erant facti, beneficia ejus ubiquè pervulgabant, quâ de causâ vel plures circà eum ruebant, ut illum tangerent. Simeon, hanc turbam quæ ipsum orantem interpellabat à se remoturus, decrevit columnæ insidere. Columnam primùm sex, dein duodecim, deindè viginti duos, tandemque triginta sex cubitos altam exs- trui jussit. Hinc Stylites cognominatus fuit, è Græcâ voce quæ idem sonat ac columna.

THEMA CENTESIMUM NONAGESIMUM PRIMUM

Multi vitæ institutum adeò singulare vituperabant ; irridebant nonnulli ; alii virum sanctum tanquam decep- torem contumeliis afficiebant. Usque eò venerunt Ægypti solitarii, ut se vellent ab ejus communione sejunctos. Sed

cùm posteà in hâc agendi ratione Dei digitum agnovis
sent, non potuerunt quin eam demirarentur.

Simeon in columnâ orabat modò stans, modò inflex
corpore, nonnunquàm expansis manibus. Singulis diebu
durabat ejus precatio ab occasu solis usque ad diei se
quentis tertiam horam postmeridianam. Istâ ab horâ a
vesperum adstantes edocebat, consilium à se petentibu
respondebat, sanabat ægros, controversias dirimebat
atque inter inimicos componebat gratiam. Ad illum facil
patebat aditus ; mitis ac hilaris erat, unicuique, etian
opifici, rustico aut mendico respondebat. Ad Christun
adjunxit plura millia ethnicorum variarum nationum
qui cùm ad eum venissent solâ ducti curiositate, chris
tiani revertebantur. Consilium ejus exquirebant episcop
atque imperatores de Ecclesiæ negotiis, quibus sempe
ardenti animo inserviit. Magistratus ipsosque antistite
suis de officiis liberrimè admonebat. De cætero adeò hu
milis erat, ut hominum postremum se existimaret.

Simeon quos sanitati restituerat nunquàm non dicebat
« Si quis à vobis quæret quis vos sanaverit, dicite Deun
« vos sanavisse : cavete ne de Simeone commemoretis
« sin aliter, vos ego admoneo fore ut in eumdem morbun
« recidatis. »

Ferè anno Jesu Christi quadragentesimo sexagesimo
Deus huncce hominem cui pœnitentiâ singulari assimilan
dum nullum reperies, circiter sexaginta novem annos na
tum ad se vocavit ; triginta septem in columnâ exegerat
Cùm illi hora instaret suprema, corpus clinavit orand
gratiâ. Tres dies effluxêre, nec eum surgentem viderunt
Miratus Antonius hujusce discipulus, ad eum ascendi
mortuumque reperit. Quâ de re statim certiorem feci
Antiochenum antistitem, qui cùm venisset, comitantibu
tribus aliis episcopis, Antiochiam sanctum corpus trans
tulit, circumfluente ingenti plebis multitudine, quæ hym
nos et psalmos cantabat.

Ea fuit sancti Simeonis Stylitæ vita. Christicolis ista
proponitur haud tanquam exemplum quod sequantur
sed veluti causa Dei sapientiam atque potestatem demi
randi, qui per singulares admodùm vias à se electos in-

terdùm deducit, quique in iis, quamvis infirma sit caro, miracula operatur, quibus fidem adhibere vix possunt homines cæteri, nedùm ea imitari seu intelligere valeant.

Paulus, eremi primus cultor, in inferiori Thebaide. Ægypti provinciâ, natus est. Cùm re familiari valeret, litteris studuit, atque in Græcorum Romanorumque scientiis multùm progressus est (*ou bien :* atque Græcorum Romanorumque scientiarum peritissimus factus est). Cùm ob Diocletiani vexationem abdere se coactus fuisset, Deus illi mentem injecit, ut cunctis nuntium remitteret, desertissimam solitudinem petiturus. Longum iter emensus, in imo monte ingentem speluncam reperit, cujus aditus saxo occludebatur. Curiositatis causâ aperto specu, intùs conspexit quasi amplum œcum, insuper apertum, annosâque palmâ ramos suos expandente obumbratum. Indè fons admodùm limpidus prorumpebat, pariebatque rivulum, qui propè extemplò sub terras rursùs penetrabat.

Paulus existimans divinam providentiam istum locum domicilii loco sibi paravisse, illic stetit, statutum habens reliquam vitam ibi peragere. Specûs palma victum vestitumque ei suppeditabat. Cùm annum quadragesimum tertium attigisset, Deus illius alendi gratiâ patravit miraculum quod usque ad mortem ejus produxit. Corvus illi, veluti prophetæ Eliæ, singulis diebus dimidiatum panem afferebat. Paulus in solitudinem abstrusus, orando, æternasque veritates meditando, totam operam dabat.

Ita vixit Paulus usque ad annum ætatis suæ centesimum decimum tertium, soli Deo notus; omnibusque posteris ignotus existitisset, ni placuisset Deo illum paulò antè mortem ejus patefacere, quâ ratione sum dicturus.

Divus Antonius, nonaginta annos natus, in aliâ Thebaidis solitudine jamdudum vivebat. Die quâdam in mentem illi venit, præter ipsum nullum alium in solitudine pleni perfectique solitarii vitam egisse. Nocte subsequenti illi revelatum est, remotiori in solitudine alium ipso multò meliorem existere, eumque adeundum esse. Ubi illuxit, senex sanctus in viam se dedit. Postquàm biduum totum incessisset, orandoque consumptâ nocte subsequenti, primâ luce aspexit lupam secundùm montem imum subrepentem, quærentemque aliquid rivi, quo sitim restingueret. Quam secutus oculis, ad specum accessit, cujus perobscurus erat aditus. Eò ingressus est, suspenso gradu incedens et absque strepitu, animam comprimens, subsistensque identidem auscultandi gratiâ. Tandem cùm aliquid luminis prospexisset, properavit; pede autem ad lapidem offenso, obstrepuit.

THEMA CENTESIMUM NONAGESIMUM QUINTUM

Vix strepitum audivit Paulus, cùm fores pessulo occlusit. Tunc Antonius cùm præ limine in terram se abjecisset, ibi vel post meridiem substitit, obsecrans eum ut aperiret dicensque : « Non te fugit quis ego sim, undè veniam, et « quâ de causa huc venerim. Scio nec fateri dubito me « indignum esse qui te videam. Haud abibo tamen quin « te viderim. Quod si impetrare nequivero, mihi certum « deliberatumque est ad tuum ostium expirare : tu saltem « corpus meum sepelies. » Denique suum ostium Paulus illi aperuit. Inter se amplexati sunt, se invicem suo nomine salutantes, quamvis neuter unquàm de altero audivisset, Deoque unàgratias egerunt. Post osculum sanctum, cùm uterque sedisset, Paulus qui à nonaginta annis cum nullo sermonem contulerat, hisce orsus est verbis : « En « adest quem tanto labore quæsivisti : quid vides? Corpus « senectute confectum, canis incomptis opertum, homi- « nem in pulverem mox resolvendum. At edoce me, « quæso, quomodò genus humanum se habeat. An in urbi- « bus antiquis nova surgunt ædificia? Quomodò regitur « terrarum orbis? an etiamnùm existunt homines adeò « cæci, ut dæmonum sint cultores? »

THEMA CENTESIMUM NONAGESIMUM SEXTUM

Dum ità colloquerentur, viderunt corvum arbori insidentem, qui volatu placido panem integrum ipsis apposuit atque evolavit. « Vide, ait divus Paulus, Dei benigni- « tatem qui nobis prandium misit. A sexaginta annis

« dimidiatum panem quotidiè accipio ; te autem adve-
« niente, Jesus Christus cibum duplicavit. » Deum pre-
cati, in fontis margine sederunt, ut cibum sumerent; quo
facto, totam noctem orando psalmosque cantando con-
sumpserunt.

Cùm illuxit, Antonio dixit Paulus : « Mi frater, jampri-
« dem sciebam te in regione istâ manere ; cùmque mihi
« promisisset Deus, speraveram semper me non moritu-
« rum esse priusquàm te vidissem. Sed quia adest quietis
« meæ hora, hùc te misit ut terrâ corpus meum operias. »
Hìc tùm Antonius lugere ac suspirare, obsecrans eum ut
à se non discederet, sed ipsum potiùs in beatorum sedem
secum deduceret. Cùm Paulum penès non esset quod à se
petebat illi concedere, satis habuit eum admonere ipsum
suam privatam utilitatem haud debere præponere fratrum
suorum utilitati, quibus ipsius documentis et exemplis
adhùc opus erat.

THEMA CENTESIMUM NONAGESIMUM SEPTIMUM

Antonium rogavit Paulus ut, si posset, iret quæsitum
pallium quod ipsi munere dederat Athanasius, Alexandriæ
episcopus, idque sibi sepeliendo afferret. Non quòd multùm curaret Paulus suum corpus sepeliri ; sed Antonium
volebat liberatum à dolore quem profectò hausisset, si
ipsum animam efflantem vidisset. Antonius id mirans
quod de Athanasio et de pallio sibi modò dixerat, sibi
visus est videre Jesum Christum in eo præsentem, Deique
Spiritum quo replebatur adoravit. Oculos ejus manusque
deosculatus, nihil ausus reponere, lacrymis perfusus profectus est, ut in suum monasterium rediret.

Eò advenit valdè fatigatus anhelusque. Cùm illi obviam
venissent duo inter ejus discipulos, qui jampridem ei mi-
nistrabant, illum percontati sunt ubinam tàm diù mora-
tus fuisset. « Heu miserum me peccatorem ! respondit An-
« tonius, haud dignus ego sum quem solitarium nominent :
« vidi ego Eliam, vidi ego Joannem in solitudine, vidi
« ego Paulum in paradiso. » Nec plura ; sibique pectus
percutiens, è cellulâ suâ pallium deprompsit. A suis discipulis rogatus ut mentem suam explanaret *(ou bien :*
ut apertè palàmque diceret), solummodò respondit : « Ut

« tempus loquendi, sic tempus tacendi est. » Cùmque exiisset, nullo sumpto cibo, eàdem reversus est.

THEMA CENTESIMUM NONAGESIMUM OCTAVUM

Antonio nihil longius erat quàm ut adveniret ; Paulum solum in mente, Paulum solum præ oculis habebat, time-batque ne suum antè reditum ille moriretur. Id quidem evenit. Postridiè manè Paulum, quem medium habebant angeli, prophetæ et apostoli, luce coruscantem in cœlos ascendentem vidit. Extemplò vultu in terram sponte suâ procubuit, dixitque effusè lacrymans : « Paule, cur à me « discedis ? Tene tàm serò mihi notum fuisse, ut tàm « citò ego te amitterem ! » Se rursùs in viam dedit, quàm maximâ poterat utens celeritate. Cùm in specum adve-nisset, corpus genibus nixum reperit, erecto capite, exten-tisque ad cœlum manibus. Primùm existimans eum (1) vi-vere atque orare, et ipse oravit. Cùm autem illum suspi-rantem non audiret, uti eum orando facere animadver-terat, accessit eum amplexaturus, atque illum obiisse agnovit. Involutum corpus è specu extraxit ; at deerat instrumentum quo terram effoderet. Cùm valdè doleret quid ageret nescius, duo leones ex imâ solitudine ad eum accurrerunt. Venientes procubuerunt juxtà corpus mor-tuum, rugientes quasi dolorem suum significandi gratiâ. Dein cùm terram scalpere cœpissent, scrobem hominis capacem fecerunt. In quo corpus positum Antonius terrâ operuit. Hujusce mirabilis solitarii obitus anno Jesu Christi trecentesimo quadragesimo primo aut secundo evenit.

THEMA CENTESIMUM NONAGESIMUM NONUM

Nos fugit quo tempore aut quonam in loco martyr oc-cubuerit divus Arcadius. Hoc unum scimus, nempè illum in quâdam urbe Mauritaniæ, et sævissimæ vexationis temporibus, Jesu Christo gloriam tribuisse. Namque cunctis in domibus conquirebantur christiani ; et quot-quot reperti fuerant, ad falsorum numinum simulacra vel ad supplicium trahebantur. Arcadius ut suam fidem tutam

(1) *Id est*, Paulum.

faceret, domum suam deserere non dubitavit, seque oc-
cultavit latebris seclusæ solitudinis, ubi vigiliis, jejunio,
precibusque Deo cultum adhibebat. In domum illius
ingressi religionis oppugnatores ibi nacti sunt unum ex
ejus consanguineis, quem præfectus in carcerem conjici
jussit, donec significavisset ubinam lateret Arcadius.
Quod ubi Arcadius comperit, è suis latebris extemplò
egressus, ausus est in præfecti conspectum venire. « Si
« meâ causâ, ait illi, mihi consanguineum detines, en ego
« venio memet tibi traditurus, ut quod scire cupis, quod-
« que ille tibi revelare non poterat, ego tibi aperiam
« Hunc ergò nunc dimitte, tibique promitto me tibi rem
« ordine enarraturum esse. » Arcadio dixit præfectus se
ejus consanguineo veniam dare, ipsique daturum, si vellet
diis sacrum facere.

THEMA DUCENTESIMUM

« Scisne tu, præfecto respondit Arcadius, qualis sit Dei
« cultor? Hic ille est qui nec vitæ amore infringitur, nec
« movetur mortis formidine. Huic Jesus Christus vivere
« est, huic mori lucrum. Excogita ergò maximè omnium
« horrendos cruciatus : quantumvis horribiles sint, isti
« nos infringere non poterunt; tuque videbis à Deo nostro
« nihil posse nos sejungere, nosque mortem concupiscere,
« nedùm eam formidemus. »
Quo sermone exasperatus præfectus, Arcadii constantiam maximè horridis tentavit suppliciis. Illi digitos, illi
manus, illi brachia, illique crura singula, iterùm atque
iterùm tormentum renovando, præcidi jussit. Martyr
sanctus ista inter supplicia ob quæ fremebant spectatores
ipsique carnifices, eamdem tamen semper præbebat constantiam, nec intermittebat Deum laudare, nedùm que-
reretur, tortorumque salutem ab eo efflagitare. Truncus
absque membris demùm factus, atque in suo natans sanguine, christianæ fidei martyr simul et fraternæ charitatis animam suam Deo retribuit.

THEMA DUCENTESIMUM PRIMUM

Hilario Pictavii nato accidit ut in idololatriæ tenebris
diù torperet. Sed tandem veritatis lumine illustratus,

fonte sacro ablutus est; adeòque novum sibi ingenium induit, ut longè alium ac anteà illum viderint. Dei Spiritu æquè plenus ac christicolæ summum virtutis gradum adepti, atque religionis sanctitudinis studiosus, alios fidei dogmata edocebat, alios ad Dei cultum hortabatur, illis antè oculos æternam quam suis famulis Deus promittit mercedem proponendo, ita ut, licèt adhuc laicus, imò alligatus nuptiis, gratiam sacerdotii ad quod Deus ipsum destinabat, jam possidere videretur. Idcircò populus Pictaviensis nihil antiquius habuit quàm ut illum præsulem eligeret ; et quantumvis refragaretur, sacris ordinibus inaugurari coactus est. Ubi ad pontificalem dignitatem quasi invitus evectus fuit, illum viderunt vitæ delicias generosiùs quàm unquàm ejurantem, ut regendo ac moderando suo gregi tuendæque veritati totum se dederet.

THEMA DUCENTESIMUM SECUNDUM

Hilarium adjuverunt plerique Galliæ præsules ; namque dum hæresis Ariana ferè omnes Ecclesias perturbaret, Gallica fidem ex toto puram servabat. Cùm Bitteras se contulisset, impediverunt Ariani ne in concilio ibi habito audiretur, adeòque efficaci solertiâ imperatorem deceperunt, ut virum sanctum unàque Rodanum Tolosanum præsulem in Phrygiam relegaverit. Circiter quatuor post annos Constantinopolim venit, oppressamque videns veritatem, ab imperatore efflagitavit publicum colloquium, in quo liceret, adstante ipso imperatore, cum Arianis disceptare. Ariani istiusmodi colloquium præsertim formidantes, imperatori persuaserunt ut Hilarium suam in Ecclesiam dimitteret, veluti turbatorem toto in Oriente tumultuantem (*ou bien :* illi imponentes turbatoris personam toto in Oriente tumultuantis).

Hilario suam in sedem restituto nihil antiquius fuit quàm ut convocanda curaret multa concilia, ut quantùm posset Ecclesiæ afflictationibus mederetur. Deo favente, tàm prosperè rem gessit (*ou bien :* operam illi adeò fortunavit Deus), ut plerique præsules qui humanâ fragilitate Arianæ formulæ subscripserant, culpam suam humiliter confitentes, istud pravi exempli eluerint. Deinque, postquàm illi contigisset ut sinceram ad fidem revocaret

Galliam, quietè obiit in suâ diœcesi, die decimâ tertiâ januarii anni trecentesimi sexagesimi octavi, vel juxtà alios, ineunte novembri anni trecentesimi sexagesimi septimi.

THEMA DUCENTESIMUM TERTIUM

Felix ex parentibus christianis Nolæ in Campaniâ natus est, atque à juventute suâ Jesu Christi cultui totus addictus, sacerdotio initiatus est à suo pontifice, sancto Maximo, qui illum sui instar filii semper dilexit, sibique successorem destinabat.

Divus Maximus, dum sub imperatore Decio anno ducentesimo quinquagesimo vexaretur Ecclesia, sibi ipsi infirmoque suo corpori ætate confecto humiliter diffisus, Felici commissâ sui gregis custodiâ, sibi fugiendum esse existimavit. Vexatores, episcopo incassùm perquisito, suum furorem ex toto verterunt in sacerdotem Felicem, qui in urbe Nolâ religionis christianæ firmissimum præsidium habebatur. Cùm neque fugere neque abdere se voluisset, apprehensus est ac deductus ad magistratum, qui illum in carcerem conjici jussit. Manus et collum ejus catenis constricta sunt, extenti pedes et compedibus impediti, acutisque confractis testis ipse impositus est.

At sanctus præsul Maximus, qui in montes desertos prorepserat, jacens in spinis, patens aeris injuriis, suoque de grege valdè sollicitus, in eo erat ut fame et frigore interiret; quippè caro ejus vix nonnihil vitæ et caloris servabat. Solâ fide suâ corroborabatur; et quamvis tot ærùmnis oppressus, diu noctuque suis ovibus precabatur.

THEMA DUCENTESIMUM QUARTUM

Deus, qui promisit se suos fideles famulos non derelicturum esse, episcopo sancto sanè quidem subvenit. Mediâ nocte, Angelus in Felicis carcerem venit, ingenti circumdatus lumine, atque à Deo jussit illum suo episcopo auxilium ferre. Felix, somnium esse primùm existimans, angelo respondit, quibus constringebatur catenis, eas impedire ne vel moveret se, nedùm egredi valeret. Cùm autem angelus jussisset illum surgere, statim è manibus, è collo ejus decìdunt vincula, pedes suos ex compedibus

7.

expedit; portisque ultrò apertis, per medios procedit satellites, nec ullus expergiscitur, viisque ignotis attingit locum in quo jacebat sanctus præsul jamjam animam efflaturus. Quem agnitum complectitur; frigidum autem illum absque venarum pulsu, absque motu reperit; solummodò nonnihil spiritûs restabat. Felix frustrà nihil omittit quo illum recalfaciat. Hic cibo refocillandus erat, at Felici deerat cibus. Cùm ergò ad Deum confugisset, aspicit racemum quem in dumis Deus repentè procreaverat. Hunc carpit, senisque dentibus ægrè diluctis, in os ejus racemi succum injicit; cùm æger aliquid vigoris recepisset, loquelam statim recuperat.

THEMA DUCENTESIMUM QUINTUM

Maximus Felicem facilè agnovit; eumque amplexus rogavit ut suum ad gregem ab eo reportaretur. Quem Felix suis statim impositum humeris in ejus domum retulit, quò antè diem advenit. Anus, quæ sancto præsuli famulabatur, suum dominum tanto recepit gaudio, quanto dolore affecta fuerat, cùm illum proficiscentem videret. Felix suam in domum reversus, ibi delituit, Deum obsecrans, ut vexationi finem faceret.

Pace Ecclesiæ restitutâ, Felix è suis latebris exiit, atque à christicolis Nolanis veluti homo è cœlo delapsus receptus est : tanto honore et cultu ob egregiam virtutem dignabatur (1). Quantumvis dives esset antè vexationem, tum ædibus tum prædiis, ad summam redactus est inopiam, quandoquidem proscriptus cuncta amisit bona, quorum hæres à patre institutus fuerat. Minimè dubium est quin tàm horrendam inopiam propulsare potuisset; quin etiam per ipsum unum stabàt quominùs in bona sua restitueretur; sed quamvis sui eum amici hortarentur, lite vel legitimâ hæc recuperare noluit; ità parvi divitias faciebat. Pauper vivere et mori voluit, quò Jesu Christo similior fieret. Ad se Deus illum vocavit, aliquantò antè Diocletiani regnum, scilicet, antè annum ducentesimum octogesimum quartum.

(1) *Dignari nomine*, Être jugé digne d'un nom. (*Cicéron.*)

THEMA DUCENTESIMUM SEXTUM

Ferè anno trecentesimo, in Ægypto superiori, natus est Macarius, ex parentibus adeò pauperibus, ut juvenis adhuc boves servaverit. Die quâdam illi accidit, ut cum aliis pueris iret ficus furatum. Quamvis unam tantùm comedisset, postquàm deinceps, Dei munere, intellexit quàm oculis ejus horribile sit vel levissimum delictum, tanto suæ culpæ dolore affectus est, quantumvis veniâ digna nobis videatur, ut quandiù vixit, istam luxerit.

Cùm maturè intellexisset quanti referret suâ ut saluti suæ operam impenderet, primùm in cellulam deinque in solitudinem se recepit. Quam in solitudinem, licèt valdè horridam, multi exemplo ejus sensim adducti sunt. Ea fuit causa cur quadraginta annos natus passus fuerit sacerdotio se initiari.

Die quâdam, unus ex ejus discipulis, meridianâ horâ, ardens siti, aquam potandi ab eo copiam petivit : « Cur « præter umbram aliquid postulas? ait illi Macarius : « istâ enim quâ tecum loquor horâ, quam multi seu rure « seu mari iter agentes vel isto carentlevamine! Agedum, « mi fili, totos viginti annos ego exegi, neque unquàm « bibi, aut comedi, aut dormivi quantùm voluissem. »

THEMA DUCENTESIMUM SEPTIMUM

Oportet, suis discipulis aiebat divus Macarius, ut solitarius jejunio se dedat tanquàm certò sciens se centum adhuc annos victurum esse; suas è contrario coerceat cupiditates, injuriarum obliviscatur, mœrori obsistat, damna et dolores perferat, quasi ipsâ die moriturus. Impediet prior cogitatio ne quid ex pristinis corporis afflictationibus remittat solitarius, istius causando infirmitatem; at mortis proximæ conspectu, hujusce vitæ et bona et mala pariter despiciet.

Sanctus Macarius, cùm die quâdam precaretur, audivit vocem sibi dicentem : « Macari, tu nondum eumdem « attigisti virtutis gradum, quem mulieres duæ vicinâ in « urbe unà vitam agentes. » Quam vocem vix audivit, cùm sumpto baculo illud urbis petivit. Repertâ ambarum mulierum domo, eòque ingressus, cum illis sedit, aitque

illis : « Ego ab imâ solitudine in hanc urbem veni, vos
« invisurus, ut sciam quid agatis, et quomodò vivatis.
« Ego vos obsecro ut id vos mihi aperiatis. »

« Pater sanctissime, illæ responderunt, quidnam boni
« operis à duabus mulieribus matrimonio alligatis potest
« exspectari ? »

THEMA DUCENTESIMUM OCTAVUM

Cùm duabus mulieribus instare cœpisset Macarius ut
sibi aperirent quid vitæ agerent, illæ ei dixerunt : « Nos
« binis fratribus nupsimus ; quindecimque ab annis
« unà habitamus. A quo tempore haud meminimus nos
« unam vocem licentiorem protulisse, tantùmque abest ut
« vel minimùm inter nos rixatæ fuerimus, ut contrà
« quàm conjunctissimè vixerimus. Cùm nihil nobis anti-
« quius sit quàm ut in cœnobium nos recipiamus, sanè
« quidem nihil à nobis omissum est, ut nos in liberta-
« tem assereremus ; at dissentientibus maritis nostris, non
« commisimus ut illis invitis abscederemus. Utraque
« autem alteri coram Deo promisit nos, quandiù vivemus,
« nullum unquàm profanum verbum prolaturas esse. »
Quo audito sermone, divus Macarius exclamavit : « Ità
« sanè non attendit Deus, utrùm virgo sis an nupta ;
« utrùm monachus sis an laicus. Cor solum explorat ;
« omnibusque ipsi servire volentibus, qualiscumque sint
« generis, sanctum impertit Spiritum. »
Huic viro sancto, necnon multis Ægypti solitariis contigit, ut ob tuendam Jesu Christi deitatem vexarentur.
Noctu raptus, abductus est in quamdam Ægypti insulam,
in quâ ne unus quidem erat christianus. Posteà in suam
reversus solitudinem, ibi nonaginta annos natus obiit.

THEMA DUCENTESIMUM NONUM

Antonius in quodam superioris Ægypti pago, anno Jesu
Christi ducentesimo quinquagesimo primo, in lucem editus est. Sui eum parentes, tum suâ virtute tum suâ nobi-
litate et amplissimis prædiis spectatissimi, more christiano instituendum curaverunt. Suis orbatus parentibus,
cùm duntaxat decimum octavum aut vigesimum annum
percurreret, sororem suam adhuc admodùm juvenem

curæ habuit, dispensandaque suscepit bona, quæ hære-
ditatc à suis parentibus acceperant. Ferè sex post menses, Antonius in ædem sacram ingressus, tùm cùm
legerentur hæc verba Jesu Christi juvenem divitem allo-
quentis : « Si vis perfectus esse, vade, quidquid habes
« vende et da pauperibus, tuque in cœlo thesaurum pos-
« sidebis ; dein veni et sequere me ; » id verborum sibi
assumpsit; atque statim ut ex æde sacrâ egressus est,
patrimonii sui agros distribuit, supellectilis suæ partem
vendidit, cujus pretium dedit pauperibus, alteramque in
sororis suæ cultum servavit. Paulò post in sacram ædem
ingressus, auditisque his aliis Jesu Christi verbis :
« Nolite solliciti esse in crastinum, » pauca quæ serva-
verat pauperibus largitus est, sororem suam quibusdam
virginibus christianis sibi notis commisit, domoque
relictâ, in cellulam propè suum pagum primùm se recepit,
ut ibi precibus et pœnitentiæ totum se dederet.

THEMA DUCENTESIMUM DECIMUM

Suis manibus laborabat Antonius ; idque semper servavit, haud ignorans, ut ait divus Athanasius vitæ ejus
scriptor, otiosum non debere cibum sumere. De labore
suo solummodò detrahebat undè viveret, quodque supererat pauperibus largiebatur. Frequentissimè orabat,
edoctus in orando haud cessandum esse. Ità attentè
legebat audiebatve quæ legebantur, ut nihil illi excideret,
suaque ei deindè prò libris erat memoria.

Dejiciendi dæmonis gratiâ, vigilabat adeò ut sæpè
noctes totas insomnes duceret. Semel tantùm unoquoque
die cibum sumebat, vel quoque bino die, post solis occasum : interdùm totum per triduum omni escâ abstinebat.
Panis et sal pro cibo ei erant, aquamque solummodò
potabat. Pro lecto ei erat matta; sed plerumquè nudâ
humo cubabat. Pro indumento ei erant cilicium, penula
è pelle vervecinâ, cingulum et cucullus. Posteà suam
deserens cellulam, longè à pago suo abiit, ut in tumulo
sese includeret. Quis dicat, quàm horribilem in modum
ibi à dæmonibus cruciatus fuerit? At de istis licèt furenti-
bus victoriam semper retulit.

THEMA DUCENTESIMUM UNDECIMUM

Denique, triginta annos natus, in solitudinem se recipiendi consilium cepit. Trajecto Nilo, in castello veteri jampridem deserto, stetit. Cujus ostium clausit nec ulli aperiebat. Bis intrà annum panem ei afferebant; namque in Thebaide conficiebant panem qui vel toto anno corruptionis expers servabatur. In isto secessu circiter viginti annos exegit, nunquàm egrediens, nulli dans ad se aditum, semper patens sævissimis dæmonum vexationibus, at victor semper jejunio atque oratione. Postremùm, cùm multi vitæ ejus genus imitandi flagrarent desiderio, instarentque ut veniret ipsos suis adjutum consiliis, è secessu exiit tanquam è sanctuario, in quo Deo sacratus Spiritu ejus se repleverat. Per eum Deus multa patravit miracula, illique gratiæ et salutis verba impertiit, ut mœrentes levaret solatio, gratiamque inter inimicos componeret. Cunctos ipsum adeuntes sedulò hortabatur, ut graviter secum meditarentur æternitatem; multique ejus adhortationibus commoti sua bona deserere non dubitaverunt, ut vitam solitariam susciperent. Sui patris instar Antonium colebant cuncti, ductuque illius omnia faciebant.

THEMA DUCENTESIMUM DUODECIMUM

« Filii mei, suis discipulis dicebat Antonius, enitamur
« ut magis in dies opus ferveat, quasi modò inciperemus,
« nedùm diuturni laboris non nos tædeat. Ne unquàm
« obliviscamur nos, postquàm in terris paucos annos
« laboraverimus, æternam mercedem in cœlis accepturos
« esse. Ne unquàm à morte supremoque judicio mentis
« oculos dimoveamus. E somno excitati existimemus nos
« ad vesperum non victuros esse, lectum autem petentes
« nos diem posteram haud esse visuros. Tunc compri-
« mendis cupiditatibus nostris totam dabimus operam,
« nedùm istis parcamus. »

Imperator Maximinus, anno trecentesimo undecimo, vexationem in Christianos renovavit. Edoctus Antonius quantam Ægypto præsertimque Alexandriæ vastitatem inferret ista vexatio, suam solitudinem deserere non du-

bitavìt, ut appetens martyrii hancce in urbem se conferret ; namque illi nihil longius erat quàm ut ab istius vitæ
ærumnis in æternum liberaretur, atque Jesu Christi ergò
moriendi desiderio ardebat. Nihil impedire potuit quin
carcere inclusos adiret, et iis qui ad judices ducebantur
comitem se adjungeret. Hos et illos adhortabatur ut
in fide perstarent, atque martyrii coronam mererentur.

THEMA DUCENTESIMUM DECIMUM TERTIUM

Judex videns quanta esset Antonii ejusque comitum
magnanimitas, prohibuit ne in urbe commorarentur
solitarii. Cæteri illicò se abdiderunt. Antonium verò
frustrà impulerunt ut pariter se occultaret ; judicis edictum adeò non respexit, ut vel die postero locum editum
occupaverit, undè judici cum suis transeunti se conspiciendum præbuit. Deo volente, judici haud in mentem
venit ut eum apprehendi juberet. Martyribus igitur more
suo adesse perseveravit ; et cùm desiisset vexatio, in
suum monasterium reversus est.

Tunc Deus Antonium miraculorum munere adeò celebrem fecit, ut ad eum undiquè homines accurrerent, quos
à variis morbis aut à malo dæmone liberaret. Vix Jesu
Christi nomen invocaverat, cùm ægri aut dæmoniaci
liberabantur. Interdùm in monasterio suo inclusus mane-
bat, nec ulli aperiebat. Sed tunc etiam sanabantur multi
stantes foris fidenterque orantes. Ad extremum metuens
ne quæ per ipsum Deus operabatur superbiret miraculis,
quàm occultissimè potuit in imam solitudinem se recepit.

THEMA DUCENTESIMUM DECIMUM QUARTUM

Suum secessum Antonius frustrà celatum voluit ; eum
nihilominùs adibant. Omnes admittebat ad se confugien-
tes, seu ut ab ipso consilium peterent, seu ut à morbis
suis liberarentur. E monte descendebat ut cum illis sermonem conferret ; sed ubi adimpleverat quod ab ipso
exigebat charitas, suam solitudinem statim repetebat.
Cùm die quâdam viri clari et honorati eum detinere
conarentur, illis quamvis instantibus valedixit, eisque
dixit festivè : « Ut pisces in terrâ diù torpentes intereunt,
« ità solitarii vobiscum morantes suæ pietatis teporem

« sentiunt. In nostram ergò solitudinem redeundi haud
« minùs cupidi esse debemus, quàm piscis in aquam
« denuò se immergendi. »

Fidei integritatis et Ecclesiæ unitatis eo flagrabat
studio, ut ab omnibus hæreticis schismaticisque, præsertim verò ab Arianis, abhorreret. Omnes hortabatur ne,
veluti ipse, rem cum istis haberent, dicens gravius in
eorum verbis quàm in anguium veneno inesse periculum.

THEMA DUCENTESIMUM DECIMUM QUINTUM

Antonius Alexandriam iterùm petivit, rogantibus divo
Athanasio catholicisque episcopis, ut os occluderet Arianis,
qui in vulgus disseminare ausi fuerant Antonium ipsorum doctrinam docere. Jesu Christi doctrinam ibi palàm
professus, istorum hæresin exsecratus est. Ad eum viden-
dum urbs tota accurrerunt; illum tangendi cupidi erant
ipsi falsorum numinum cultores, plurimosque ad Christum adjunxit.

Nomen ejus vel in aulâ imperatoris Constantini celebra-
tum est. Qui princeps ejusque filii tanquam patri suo illi
scripserunt, atque ab eo litteras accipiendi summum
demonstrârunt desiderium. Non admodùm perculsus visus est Antonius honore, qui multis aliis haud dubiè arri-
sisset. « Nolite mirari, dixit solitariis, quòd imperator qui
« et ipse mortalis homo est, ad me scribat ; illud verò
« vobis mirum videatur, quôd hominibus Deus legem
« scripserit, nosque per suum edocuerit Filium. »

Illum sæpiùs adierunt philosophi falsorum deorum cultores. Ut illis os occluderet, probaretque ineptam esse
idololatriam, divinam autem christianam religionem,
duos homines à malo dæmone obsessos, antè illorum oculos invocato Jesus Christi nomine, et crucis signo libe-
ravit, postquàm eis dixerat : « Idem aggredimini, si po-
« testis, vestrorum vi syllogismorum. »

THEMA DUCENTESIMUM DECIMUM SEXTUM

Antonius, notum habens sibi mortem instare, suos fratres denuò invisit, dixitque eis se ad illos postremùm venire. Istud verborum audientes cuncti deflere cœperunt,
sanctumque amplexari senem, qui suam mortem illis nar-

rabat, eâdem elatus lætitiâ, quâ homo qui regionem externam jamjam relicturus est, ut suam repetat patriam. Hæc postrema illis dedit consilia : « Fratres mei charis- « simi, ait illis, sic vivite ut singulis diebus morituri. « Nihil antiquius habetote quàm ut puras servetis ves- « tras animas; enitimini sanctos imitari : cavete ne quid « commercii cum hæreticis habeatis; atque in fide pers- « tate. » Fratres eum frustrà obsecraverunt ut secum maneret : eorum petitioni assentiri noluit; et cùm illis valedixisset, in suum montem reversus est, solummodò cum duobus discipulis, qui à quindecim annis illi utpotè seniori (*ou bien :* ob ejus senium) famulabantur. Cùm ali- quot post menses in morbum incidisset, animam efflavit, affectus gaudio quod in vultu ejus post obitum impres- sum adhuc videbatur. Obiit, cùm centesimum et quin- tum ætatis suæ annum percurreret, Jesu Christi autem anno trecentesimo quinquagesimo sexto.

THEMA DUCENTESIMUM DECIMUM SEPTIMUM

Sebastianus, Narbone natus, Mediolani educatus est. Mediolano Romam ivit, cùmque militiæ nomen dedisset, ad bellica munera mox evectus fuit, adeò suâ benignitate, suâ sinceritate, suâ prudentiâ multisque aliis eximiis do- tibus, omnium amorem sibi conciliabat. Quamvis ad ar- morum artem haud propensus foret, vel quò rectiùs di- cam quamvis ab istâ abhorreret, id artis tamen amplexus est eâ mente ut christicolis utcunquè vexatis adesset, atque humilis christiani, generosique Jesu Christi militis animum veste militari texit. Cùm facta ejus eò minùs ob- servarentur quòd christianus non habebatur, caritatis operibus, neutiquam suspectus ethnicis, operam dabat. Nihil metuens, in carceribus fidei causâ detentos invise- bat, illosque ad martyrium hortabatur. Imò locum indè arripiens ethnicos Jesum Christum docendi, ad illum multos adduxit, qui sacro fonte abluti, martyrum coronâ redimiti fuerunt. Cùm Diocletianus, imperio potitus, Ro- mam anno ducentesimo octogesimo quinto venisset, ergà Sebastianum benevolentiam habuit, illumque præfecit primæ cohorti custodum quos Romæ retentos volebat.

THEMA DUCENTESIMUM DECIMUM OCTAVUM

Tanta circumspectione se gesserat Sebastianus, ut eum christianum esse quisquam nondùm suspicaretur. Deinceps igitur eodem quo anteà studio, Jesu Christi Ecclesiæ operam navavit ; ortâque adversùs Romanos christicolas sævissimâ tempestate, multis, quos suis incenderat hortationibus, contigit ut Jesu Christi ergò mortem oppeterent. Illi verò nihil longius erat quàm ut eos sequeretur ; quod anno ducentesimo octogesimo octavo evenit. Patefactum est illum christianum esse, ab eoque cæteros adversùs cruciatuum mortisque formidinem corroborari. Quâ de͵re imperator admonitus est ; et cùm illum accersivisset, suam ei exprobravit beneficiorum ab ipso acceptorum oblivionem. Illi respondit Sebastianus se adeò immemorem non fuisse, ut contrà ipsi atque imperio orare non desiisset ; se verò Deo qui in cœlis est et Jesu Christo, non autem idolis ac lapidibus, preces suas adhibuisse. Diocletianus, cùm illud responsi demirari debuisset, hoc adeò exasperatus est, ut Sebastianum sagittis confodiendum ad palum alligari jusserit. Quo patrato, pro interfecto relictus est ; adeò ut mulier pia, nomine Irene, cùm ad eum sepeliendum venisset, stupens admodùm illum adhuc vivum repererit.

THEMA DUCENTESIMUM DECIMUM NONUM

Sebastianum Irene suam duxit in domum, ubi ex omnibus suis vulneribus mox convaluit. Qui eum adibant christiani, frustrà illum obsecraverunt ut abscederet. Eorum consiliis adeò non obtemperavit, ut contrà, implorato Dei auxilio, iverit scalas occupatum, quà imperator erat transiturus ; cùmque illi obvium se dedisset, quàm iniquè christicolas vexaret liberè ei exprobravit. Quem videns Diocletianus eò magìs obstupuit, quòd illum mortuum existimabat, ità ut vix suis crederet oculis. At vir sanctus pro certo ei affirmavit ipsum Sebastianum se esse, sibique Jesum Christum vitam restituisse, ut veniret in ore et oculis omnium ipsi denuntiatum immani injuriâ vexari christianos. Imperator istius modi exprobrationum haud patiens, illum fustibus trucidari jussit, corpusque ejus in

cloacam projectum est. Inde extractum mulier christiana
sepelivit. Super tumulum ejus posteà ædem sacram ædi-
ficaverunt. Anno sexcentesimo octogesimo, à gravi pesti-
lentiâ, ipso intercedente, Roma liberata est. Indè mos
hunc sanctum pestis tempore invocandi.

Nemo Jesu Christo fidelis potest esse, quin et suo principi (1). Quisque principi suam vitam, at Jesu Christo
debet animam.

THEMA DUCENTESIMUM VIGESIMUM

Vulgò creditur Agnes sancta Romæ sub Diocletiano,
anno Jesu Christi trecentesimo quarto vel quinto, martyrium passa fuisse. Causa fuit eximia ejus pulchritudo cur
multi adolescentes, et quidem lectissimi, conjugium ejus
petiverint, cùm vix decimum tertium ætatis suæ annum
attigisset. Cùm autem Jesu Christo jam suam devovisset
virginitatem, quidquid de connubio ipsi propositum est
constanter rejecit. Inter repulsam passos, nonnulli præ
indignatione operam dederunt ut illa per causam christianæ religionis apprehenderetur.

Agnes stetit coram judice qui nihil intentatum reliquit,
ut illam ad ejurandam fidem impelleret; at illa istius
blanditias et minationes pariter neglexit. Quibus oppressa
est catenis ferreis, eas quàm fortissimè pertulit, signi-
ficavitque se paratam esse ad toleranda quælibet supplicia, imò et ignem quem ipsi minabantur, minimè dubitans quin Jesus Christus sponsus suus robur quo istorum
acerbitatem ferret, sibi esset daturus. Hanc ad falsorum
deorum altaria raptatam cogere voluerunt ut thus idolis
adoleret; Jesu Christi nomen apertè professa est, nec
efficere potuerunt ut manum moveret, nisi ad se crucis
signo muniendam.

THEMA DUCENTESIMUM VIGESIMUM PRIMUM

Judex cernens eam omnia despicere supplicia, nedùm
ea formidaret, non erubuit illi denuntiare se jam jussu-
rum esse illam infamem in domum trahi, nisi Minervam
adoraret. Quâ minatione Agnes, haud perterrita, res-

(1) Sous-entendu, *Fidelis sit.*

pondit, Jesum Christum suæ castimoniæ custodem esse,
nec passurum sibi sacrum corpus pollui. Iratus judex
istuc illicò duci jussit. At Deus illam tàm apertè tuitus est,
ut nullus ad eam accedere ausus fuerit nec etiam illam
aspicere, si excipias libidinosum juvenem, qui cæteris
audacior, in eam oculos defigere voluit. Extemplò pœnas
luit, humique semianimus prostratus est. Agnes autem
hymnos cantabat, et Jesu Christo agebat gratias. Judex,
cùm se victum videret, illi caput præcidi jussit. Adeò non
intremuit Agnes, ut contrà judicem istud judicii ferentem
læta audiverit. In supplicii locum mirâ fortitudine et mirâ
celeritate se contulit. Cùmque Deum oravisset, accepit
ictum qui duplicem virginitatis ac martyrii coronam in
æternum ipsi asseruit.

Diva Agnes sui corporis vitam quàm suam castitatem
mavult perdere. Ab eâ discant christiani voluptatibus
abstinere, ut sui cordis integritatem defendant.

THEMA DUCENTESIMUM VIGESIMUM SECUNDUM

Cæsaraugustæ, in urbe Hispaniæ, natus erat Vincentius. Quem scientiis ac pietate imbutum Valerius,
hujusce urbis episcopus, ecclesiæ suæ diaconum instituit. Hic præsul, suâ eximiâ sanctitate atque doctrinâ
conspicuus, cùm linguâ ipse hæsitaret, suam plebem
erudiendam Vincentio commisit; quo munere sanctus
diaconus fructuosè admodùm fungebatur. Hispaniæ tunc
præerat Dacianus, unus inter sævissimos religionis christianæ adversarios. Cùm imperatores Diocletianus et
Maximianus cruenta edicta adversùs christianos per-
vulgavissent, Dacianus, apprehensos Valerium præsulem
diaconumque ejus Vincentium, Valentiam ubi versabatur
adduci jussit. Quis enarret quantùm in viâ vexati fuerint?
Postquàm advenerunt, Dacianus illos diù in carcere deti-
nuit, jussitque cibum illis parcissimè præberi, eo consilio
ut, debilitato eorum corpore, et animum frangeret. Postremùm ad se adductos, primùm promissis et minationi-
bus ad sacrificandum impellere conatus est.

THEMA DUCENTESIMUM VIGESIMUM TERTIUM

Cùm Valerius taceret, dixit illi Vincentius : « Mi pater,

« si jubes, ego respondebo. — **Mi** care fili, ait Valerius,
« ut Dei verbum tibi credidi, ità quam hìc nos defen-
« dimus fidem vindicandam tibi committo. » Tùm Vincentius profiteri non dubitavit se, utpotè christianos, ad
omnia veri Dei ergò perferenda paratos esse. Dacianus
præsulem in exilium projicere satìs habuit. Vincentium
autem in quæstionem abripi jussit. In equuleo constrictus
est, et vi tantâ extentus ut omnia ossa ejus luxata,
membraque ferè divulsa fuerint. Ferreis unguibus illi
discerpta sunt dorsum et costæ, adeò ut nudarentur
jecur ejus et viscera. Martyr, quamvis tàm dirè excruciatus, vultum tamen præbebat quietum et serenum, imò
et præfecti istiusque ministrorum imbecillitatem irridebat.
Tortores accusavit Dacianus, illosque cædi jussit, existimans eorum culpâ illum tormenta non sentire. Quapropter refrigeratis ejus vulneribus, iterùm atque iterùm
hunc corripuerunt. At frustrà nihil intentatum reliquêre
ut Daciani rabiem explerent; nihil prorsùs potuit sancti
martyris labefactare constantiam. Dacianus victus tormentis finem fecit sanctoque dixit, ab eo, cùm sacrificare
nollet, hoc unum se petere, nempè ut sacros codices igni
comburendos sibi traderet.

THEMA DUCENTESIMUM VIGESIMUM QUARTUM

Vincentius, suæ indignationis impatiens, Daciano ani-
mosè respondit ignes in quos sacros codices conjectos
volebat, ipsius impietati puniendæ multò justiùs deberi;
cæterùm se ab eo flagitare ne sibi parceret, magisque
falsam ipsius miserationem quàm acerbam severitatem
se formidare.

Quo responso exasperatus Dacianus, ad novam quæstionem, quâ nulla crudelior excogitari potest, Vincentium
damnavit. Craticulæ ferreæ ignem jussit subjici ; marty-
rem extenderunt in hâc craticulâ, cui ferreis catenis illigatus est ; dùmque prunæ ardentes corpus ejus subter
adurerent, candentes ferreæ laminæ membris ejus ac
pectori admovebantur. Plagas illius sale perfundebant,
cujus salis pars in ignem decidens, in corpus ejus resilie-
bat, ossaque ipsa penetrabat. Non obstantibus tàm
acerbis doloribus, martyr ne minimum quidem edens
suspirium, immotus perstabat, in cœlum sublatis oculis,

dùm quietus spiritus totus Deo adhæreret. Cernens præfectus se nihil promovere, tormentis attulit finem, sanctumque in carcerem iterùm misit. Ipso jubente, in obscurum confectus est carcerem stratum testaceis fragmentis, in quibus impositus est, in laqueis pedibus extensis.

THEMA DUCENTESIMUM VIGESIMUM QUINTUM

Carcer cœlesti lumine repente illustratus est, rupti sunt compedes, in flores mutata sunt testacea fragmenta, sanctusque martyr angelorum voci suam admiscens, cœpit Dei laudes canere. Divina hæc cantica custodes vix audivêre, cùm per portæ rimas aspicientes sanctum canendo ambulantem viderunt. Quo miraculo adeò perculsi sunt, ut ne unius quidem momenti interpositâ morâ Christum confessi fuerint.

Haud item de Daciano : de gestis admonitus, martyremque gloriosâ in cruciatibus morte fraudatum volens, jussit eum in molli culcitrâ collocari, omnique modo sublevari passus est. Quâ de re certiores facti christicolæ, ad carcerem statim accurrerunt. Plagas ejus deosculati, illas linteis detergebant, ut domi sanguinem illius servarent, minimè dubitantes quin Deum suis familiis esset propitiaturus. In culcitrâ vix sanctus impositus est, cùm Deo suam animam reddidit. Cùm Dacianus corpus à feris vorandum in agrum projici jussisset, misit Deus corvum, qui illud adversùs cæteras aves tuitus est, imò et lupum accedentem propulit. Huic prodigio adeò non cessit Dacianus, ut contrà corpus insutum culeo, molæ illigatum, in altum projici jusserit ; sed in aquâ semper fluctuavit, nedùm submergeretur ; idque ad littus allatum fluctibus, christicolæ de loco ubi jacebat divinitùs admoniti, nihil priùs faciendum sibi putaverunt, quàm ut irent illud quæsituri ; clanculùmque ablatum in ædiculâ sacrâ sepeliverunt.

THEMA DUCENTESIMUM VIGESIMUM SEXTUM

Divus Joannes, ob suam ergà pauperes benignitatem, dignus habitus, quem Eleemosynarium cognominarent, sexto Ecclesiæ seculo, in insulâ Cypro ortum habuit. Sui

cum parentes christiano more instituendum curaverunt.
Matrimonio junctus est, sed uxore suisque orbatus liberis,
suâ usus est libertate, ut colendis virtutibus christianis
sublevandisque pauperibus impensiùs quàm cùm maximè
operam daret. Adeò sanctus babebatur, ut Alexandriæ
cives illum sibi episcopum poposcerint; et quamvis refragaretur, anno sexcentesimo nono, ad sedem hujus
ecclesiæ, plus quinquaginta annos natus, provectus est.

Alexandriam vix advenit, cùm jussit totam urbem à
suis administris lustrari, sibique afferri accuratam omnium suî dominorum recensionem. Quid significarent
hæc verba nemo intelligebat, suique eum ministri rogaverunt ut suam ipse mentem explanaret, haud animo
percipientes quosnam Alexandrinus patriarcha haberet
dominos. Illis respondit : « Quos pauperes et mendicos
« vos dicitis, eos ego meî dominos ac patronos voco ;
« namque illorum est nobis apud Deum esse auxilium,
« nobisque cœlum aperire. » Post accuratam investiga-
tionem, pauperum indicem, nempè saltem quingento-
rum suprà septem millia, ad illum attulêre. Extemplò
jussit iis undè viverent singulis diebus erogari ; idque
præstitum est.

THEMA DUCENTESIMUM VIGESIMUM SEPTIMUM

Admonitus est sanctus patriarcha Alexandrinus, multos suæ diœcesis à viris gratiâ opibusque valentibus
oppressos, ad se non audere confugere, ut per ipsum jus
suum obtinerent. Hanc ob causam bis intrà hebdomadem palàm causas audire decrevit. Omnes adeuntes benignè audiebat ; nullâque interpositâ morâ, illis satisfa-
ciebat. « Namque, aiebat piis viris ipsum comitantibus,
« si nobis, quantocunque contemptu digni simus, Domini
« in domum horâ quâlibet licet ingredi, summamque illam
« precari majestatem, quid nobis non faciendum est
« illorum ergò qui nostri fratres sunt, eidemque Domino
« famulantur ? »

Die quâdam cùm undecimam ad horam matutinam
exspectavisset, nemoque audiendus accessisset, non potuit quin abscedens lacrymaretur. Cur fleret ab eo quæsivit beatus Sophronius : « Quòd, ait, nihil Jesu Christo
« hodiè ob mea delicta offerre valeam. — Quin potiùs

« gaudeas, respondit Sophronius, quòd tuas inter oves
« concordiam pacemque adeò firmiter constitueris, ut
« angelorum instar unà viventes, nullà de re unquàm
« inter se dissideant ? »

Quo responso vehementer commotus sanctus patriarcha, Deo egit gratias, quòd operam suam ità prospera-
visset.

THEMA DUCENTESIMUM VIGESIMUM OCTAVUM

Cùm die quâdam divus Joannes ab urbe Alexandriâ
excederet, quamdam martyrum ædiculam aditurus, ad
pedes ejus mulier se projecit, ut adversùs suum generum
jus suum persequeretur. Sui patriarchæ suadebant comites, ut hanc mulierem missam faceret, dicentes eum
redeuntem negotium ejus perpensurum. His autem ille
respondit : « Num ego sperare possum à Domino me
« exauditum iri, si causam hujusce mulieris in aliud
« tempus differam ? Quis mihi spopondit cras me victu-
« rum esse? » Itaque rem ejus confestim absolvit.

Cùm audivisset dives quidam Alexandrinus, sanctum
patriarcham, quamvis immensùm fructuosa esset sedes
ejus episcopalis, in lectulo tamen cubare, nec habere nisi
tritam prorsùsque laceram laneam lodicem, misit ei stragulam vestem quam maximo emerat pretio, illumque
rogavit, ut sui ergò illâ uteretur : vir sanctus ne ei mo-
lestiam afferret sequenti nocte illâ opertum se voluit; at
noctem insomnem duxit, adeò acriter sibimet exprobrabat
quòd commodè admodùm cubaret, dum tàm multi pauperes frigore ac penuriâ interirent. Prostridiè misit qui
stragulam vestem venderet. Quam dives rursùs emptam
illi reddidit. Vir sanctus iterùm imò et tertiùm vendidit
dixitque ei facetè : « Videre erit uter utri priùs sit ces-
« surus. »

THEMA DUCENTESIMUM VIGESIMUM NONUM

Quidam dominus potens jampridem alterius ardebat
odio, omnemque concordiæ reconciliationem repudiabat.
Sæpiùs conatus fuerat sanctus patriarcha istum lenire,
nec quidquam impetraverat. Quâdam die illum rogavit
ut ad se veniret, induxitque ut sacro adesset in suo sa-

cello, quò illo cum domino admisit solummodò eum qui
ad altare erat ministraturus. Tribus dominicam orationem unà recitantibus, cùm proferendæ fuerunt voces
istæ : *Dimitte nobis debita nostra*, tacuit sanctus patriarcha, ministroque innuit ut ipse conticesceret, adeò ut
dominus hæc verba solus protulerit : « Dimitte nobis
« debita nostra, sicut et nos dimittimus debitoribus
« nostris. » Tunc vir sanctus ad illum conversus clemen-
tissimè dixit ei : « Tecum reputa, quæso, quid Deo modò
« dixeris. » Istis verbis dominus quasi fulmine perturbatus est. Ad sancti episcopi pedes statim se abjecit, atque
sincerè admodùm cum inimico suo in gratiam rediit.

Sanctus patriarcha pristino famulo ad summam reducto
inopiam, olim suâ manu grandem dedit pecuniam. Cùm
ille gratam mentem patheticè admodùm significaret,
vir sanctus illum hoc aureo dicto compellavit : « Mi
« frater, nondùm tuî ergò meum effudi sanguinem, prout
« Jesus Christus Magister meus Deusque noster id mihi
« præscribit. »

THEMA DUCENTESIMUM TRIGESIMUM

Non possum quin referam quo pacto sanctus patriarcha suo nepoti (1) à quodam caupone Alexandrino factum convicium vindicaverit. Adolescens istud gravissimè
ferebat, cunctique istam petulantiam pœnâ dignam esse
fatebantur. Sanctus patriarcha, ut nepotem suum solatio
levaret, ait illi : « Itanè audacem quempiam fuisse, ut
« adversùs te os aperiret ? Ne dubita, mi fili, quin ab
« isto hodiè exacturus sim ultionem, quâ tota obstupebit
« Alexandria. » Quæ verba, cùm aliquid pœnæ insignis
prænuntiare viderentur, adolescentem placaverunt. Tunc
sanctus patriarcha illum amplexatus, ei dixit : « Mi fili,
« si verè meus es nepos, oportet ut tu ad omnigenas
« contumelias à quovis patiendas sis paratus ; haud enim
« caro et sanguis, sed mentis virtutisque similitudo
« veram parit cognationem. » Nec mora, jussit huic ho-
mini quidquid tum sibi tum ecclesiæ deberet condonari.

---

(1) *Nepos* signifie petit-fils ; je me suis vu obligé de l'employer,
à l'exemple de quelques auteurs, pour *filius fratris* ou *sororis*, parce
que j'ignore si le jeune homme dont il est parlé était fils du frère
ou de la sœur du saint Patriarche.

Adstantes extrà modum qui verbis exprimi possit obstupefacti, tunc facilè intellexerunt quid vir sanctus suo nepoti significatum voluisset, ei denuntiando se ab ejus
inimico eam mox exacturum esse ultionem, quâ urbs
tota profecto obstuperet.

THEMA DUCENTESIMUM TRIGESIMUM PRIMUM

Quò plura pauperibus erogabat sanctus patriarcha, eò
magis Deus suos thesauros ei aperire videbatur, ut undè
largiretur semper ei præstò esset. Præfectus Nicetas,
cùm audivisset ad illum undiquè afferri pecuniam, eum
adivit; cùmque ei demonstravisset quot et quanta bella
imperio gerenda essent adversùs tàm multas gentes bar-
baras, institit ut quam habebat pecuniam in publicum
ærarium effunderet. « Quod Domino oblatum est, res-
« pondit vir sanctus, hoc tibi dare haud mihi licet ; sed
« præstò est arca in quâ Jesu Christi argentum recondo ;
« fac quod tibi libuerit. » Statim præfectus, suis accer-.
sitis, argentum auferri jussit, sanctoque viro duntaxat
centum nummos reliquit. Cùm descenderet, obvios habuit homines ascendentes, multasque gestantes urnulas
argento plenas, quæ ad sanctum patriarcham ex Africâ
mittebantur. Non potuit quin inscriptiones legeret. In
aliis inscriptum erat : Mel eximium ; in aliis : Mel absque
igne expressum. Cùm notum haberet ille patriarcham
non eum esse qui injuriæ memor esset, illum rogavit ut
aliquid istius mellis ad se mitteret. Non dubitavit vir
sanctus ad Nicetam unam ex istis urnulis mittere, eique
tradendas curavit litterulas hisce verbis enuntiatas :
« Mentiri nequit Deus, qui nobis promisit se nos non de-
« relicturum esse. » Adeò commotus est Nicetas, ut argentum totum, adjunctâ grandi pecuniæ summâ, ad
patriarcham referri extemplò jusserit. Imò ivit ut ad
pedes ejus se abjiceret, rogans eum atque obsecrans,
ut sibi suæ culpæ veniam à Deo impetraret.

THEMA DUCENTESIMUM TRIGESIMUM SECUNDUM

Cum Nilus, quo solo fecundatur Ægyptus, extrà ripas
ex more non diffluxisset, Ecclesiæ ærarium brevì exhausit annonæ caritas. A multis probis christianis sanctus

patriarcha auri vel mille libras mutuatus est. Quibus im-
pensis, cùm quisque sibi metueret, jam nemo quidquam
ei commodatum volebat. Tunc ad Deum confugiens, undè
aleret pauperes fame intereuntes ab eo petivit. Paulò
post illi nuntiatum est duas è maximis Ecclesiæ navibus
quas in Siciliam miserat, ad portum frumento onustas
modò pervenisse.

Famem istam subsecuta est pestilentia. Quandiù hæc
duravit, sanctus patriarcha tum ægris tum morientibus
constanter adfuit. Cùm Alexandriam Persis mox traden-
dam vidit, transiit in insulam Cyprum, ubi mortuus est,
dictato his verbis testamento : « Tibi gratias ago, ô mi
« Deus! quòd preces meas exaudiveris, quòdque in domo
« episcopali repertis auri librarum ferè octo millibus,
« præter immensas pecuniæ summas creditas mihi à Jesu
« Christi famulis, mihi solummodò superest pars assis
« tertia, quam datam pauperibus volo, quia haud minùs
« quàm cætera tua est. » Circiter quinquaginta octo
annos natus obiit, anno Jesu Christi sexcentesimo decimo
septimo.

THEMA DUCENTESIMUM TRIGESIMUM TERTIUM

È parentibus clari generis præstantiorisque pietatis
natus est divus Franciscus. Litteris primùm studuit An-
neceii ; indè Lutetiam missus est, ibi rhetoricæ, philoso-
phiæ necnon theologiæ operam daturus. Parisiis Patavium
missus est ut juri civili studeret. Vix credas quàm frequenter ibi periclitatus fuerit. Quoties libidinosi juvenes
castimoniæ ejus insidiati sunt ! Haud aliter quàm auxilio
Dei cui soli confidebat istorum laqueis iberatus est. Ne
rursùs appeteretur, suas preces, suos labores, suique corporis afflictationes duplicavit. Hinc ægrotavit mortiferè,
nec sinè quodam miraculo è morbo recreatus est.

Postquàm suis finem fecisset studiis, suus illum pater
ad uxorem ducendam incitavit. Eodem tempore à Sabaudiæ duce senator designatus est. Tunc Franciscus consilium suum coactus exponere, suo patri significavit deliberatum et constitutum sibi esse sacros ordines inire, ut
Deo se totum devoveret. Cui consilio eò ægriùs parentes
ejus assensi sunt, quòd erat maximo natu filius.

THEMA DUCENTESIMUM TRIGESIMUM QUARTUM

Franciscus, sacerdotio initiatus, præbuit se virum apostolico spiritu repletum, animarumque salutis studio flagrantem. Quàm rarissimè poterat, evangelizabat in civitate, adeò metuebat ne sibi plauderetur. Illum autem videre erat pagos et vicos peragrantem, ut misellos erudiret ruricolas, inter quos multi in summâ religionis ignoratione versabantur. Cùm deinceps in eo fuit ut in agrum Caballicum pedem inferret, poplites subitò flexit, Deumque precatus est, plurimas effundens lacrymas ; dein Ludovicum suum cognatum et comitem toto amplexatus pectore, ait illi : « In istam regionem non ingredimur, « nisi ut apostolorum fungamur munere, eòque prospe- « riùs res nobis procedet, quò diligentiùs illos imitabi- « mur. Nostros igitur equos à nobis amoveamus, atque « ad victum necessariis contenti, pedibus ingrediamur. » Nemo sibi fingat cogitatione quot et quanta Francisco in istâ regione perpetienda fuerint. Diversoriorum aditu prohibitus, sub dio pernoctare cogebatur. Cuncta vel panem pro argento illi abnuebant; magus atque præstigiator appellabatur ; ejusque adversariorum furor eò processit, ut percussores ei pluries subornaverint.

THEMA DUCENTESIMUM TRIGESIMUM QUINTUM

Nullâ difficultate absterreri potuit Franciscus ; quodque sermones ejus primùm præstare non potuerant, illud sensim effecerunt illius mansuetudo, patientia, mirandaque vitæ ejus exempla. Homines vel maximè cæci induratique hortanti ei cedentes, ad Ecclesiam redivêre. Paucos intrà annos in Caballico agro, necnon in diœceseos Genevensis maximâ parte, facta est religionis catholicæ restitutio. Præsul vehementer commotus hocce progressu, eò sanè mirabiliori, quod illum sperare vix ausi fuerant, Franciscum sibi postulavit adjutorem, illique Anneceium reverso sui consilii fecit copiam. Sancto sacerdoti magis nota erant episcopatûs munera necnon pericula, quàm ut istíusmodi onus non formidaret. Ab isto suscipiendo abhorruit, quamvis suus ei acriter instaret episcopus. Auctoritate compellendus fuit. A præsule jussus Franciscus propositum sibi munus accipere, quid ageret diù perpendit. Vicit tandem metus ne et in Deum et in suum præsulem contumax videretur. Vix autem assensus est, cùm acerrimâ dolore fuit percitus.

THEMA DUCENTESIMUM TRIGESIMUM SEXTUM

Franciscus ad sedem Genevensem provectus æquè simpliciter ac cùm maximè vestiebatur. Pannis bombycinis aliisve nimiùm splendentibus nunquàm usus est. In mensâ ejus vulgares duntaxat cibi apponebantur, nisi interveniret quispiam vir clarissimus. Ejus famulis omni ludo interdicebatur. Cum illis, tanquàm pater suis cum liberis, vitam agebat. Erudiendæ juventuti imprimis operam dedit, haud nescius indè omnem pastorum laboris fructum pendere. Quàm diligentissimè ipse periclitabatur doctrinam ac mores eorum qui sacris ordinibus initiandi accedebant, nec ullum nisi eruditum ac vitæ integrum admittebat. Interdùm admonebatur sacerdotum inopem esse suam diœcesim, idque sanè noverat; respondebat autem non tam sacerdotibus quàm sacerdotibus probis carere Ecclesiam, rogandumque esse messis Dominum, ut ad eam operarios mitteret. Suam lustrans diœcesim, ut in ovile congregaret tàm multas oves errantes ac perditas, quæ pastoris sui vocem nunquàm fortè audierant, horrendas per solitudines incedebat pedibus, in montes quasi inaccessos adrepebat, in locos præcipites devolvendus, si fortè fallente vestigio lapsus fuisset.

THEMA DUCENTESIMM TRIGESIMUM SEPTIMUM

Divus Franciscus cum misellis ruricolis adeò benignè colloquebatur, ut illi commoti lacrymas funderent. Eorum ad dolorem descendens, quantùm poterat, illis erat auxilio; illumque sæpè viderunt vestium partem exuentem, quà pauperes indueret, quando jam nihil habebat quod iis largiretur. Pagi cujusdam legati illum olim ad tertiam abhinc leucam adierunt, certioremque fecère, rupibus à montibus avulsis multos pagos plurimosque incolas cum magno pecudum numero obtritos fuisse; istâ calamitate ad summam redactos inopiam, pendendis vectigalibus se impares esse; ei supplicaverunt ut mitteret qui rem itâ esse recognoscerent, ut ipse posteà ipso-

8.

rum gratiâ posset scribere. Semet obtulit Franciscus ;
cùmque ei opponerent invia esse itinera, ab illis quæsivit
annon indè venissent. Responderunt se utpotè inopes istiusmodi laboribus assuefactos esse. « At ego, reposuit
« sanctus episcopus, vester tanquàm pater, vestris utili-
« tatibus per meipsum teneor consulere. » Cum illis profectus pedibus, tribus leucis diem solidam insumpsit. Cùm
advenit, homines cunctarum rerum egenos, atque ad horrendam redactos penuriam reperit : collacrymans illos
solatus est, quidquid argenti attulerat, illis erogavit, ad
Sabaudiæ ducem scripsit illorum gratiâ, atque ab eo nihil
non impetravit.

THEMA DUCENTESIMUM TRIGESIMUM OCTAVUM

Cunctos alliciebat divi Francisci charitas; et quidam,
ut illum adirent, centum vigintique leucarum iter confe-
cerunt. Accipe quid ei contigerit Lugduni, quò aliquot
negotiorum causâ se contulerat. Per hominem ignotum
litterulas cum hisce tantùm verbis accepit : « Nî quam-
« primùm veneris meam auditurus confessionem, tu pro
« animâ meâ coram Deo spoponderis. » Indicavit Franciscus quoddam monasterium quò se confestim iturum
esse promisit. Adventans, vidit famulum duos equos ha-
benis inhibentem. Ingressus est in locum colloquiorum,
ubi hominem ingentis staturæ vultûsque asperi ac pere-
grini nactus est. Equitis instar vestiebatur, gerebatque
agrestem penulam, quâ, ne agnosceretur, os sibi tegebat.
Sanctum præsulem adeò familiariter excepit : atque ubi
in colloquiorum loco illum vidit, fenestras clausit ac ja-
nuam, clavemque sumpsit, abscisso priùs tintinnabuli
funiculo, ne fortè interpellaretur. Franciscus attentis con-
templabatur oculis ista quorsùm evaderent, cùm hospes
eum deprecatus ut sederet, ad pedes ejus se abjecit, illique confessus est se religiosi ordinis generalem præfectum esse; se ultrà modum licentiorem vitam agere, suisque pravis exemplis religiosos sibi subditos in eadem
impulsos fuisse flagitia; adjecit se, cùm de ejus ergà pœ-
nitentes benignitate audivisset, è longinquo venisse, ut
omnia anteactæ vitæ peccata ipsi confiteretur. Et quidem
illi peccata sua declaravit, plurimas effundens lacrymas,
cunctaque verè contriti cordis præbens specimina. Alius

omninò atque fuerat, nullique nisi sancto episcopo cognitus, domum repetiit.

THEMA DUCENTESIMUM TRIGESIMUM NONUM

Exeunte anno millesimo sexcentesimo decimo octavo, Parisios petere coactus est Franciscus cum Sabaudiæ cardinali, cui datum erat negotium, ut de principis Pedemontani matrimonio cum Christinâ Franciscâ constitueret. Quæ princeps femina sanctum præsulem sibi primum eleemosynarium ultro elegit. Eâ de re primum ille gratiam fecit. Principe autem feminâ, quæ quanti qui plurimi Francisci virtutem faciebat, acriter instante ut ille hocce munus susciperet, tandem assensus est, sub eâ vero conditione, ut nihilominùs in suâ diœcesi assiduè resideret, utque suo non functus munere, nihil mercedis acciperet. « Nimis anxiâ religione afficeris, tunc ait illi « princeps femina : si vel non ministranti data tibi velim « pignora, quid peccabis accipiendo? — O domina! « respondit ille, mihi arridet paupertas; mihi terrorem « faciunt divitiæ. Timeo ne, veluti jam tàm multis aliis, « mihi quoque sint exitio. » Duabus conditionibus assentiri princeps femina coacta est; atque extemplò quasi illum sui muneris in possessionem inducens, adamante maximi pretii eum donavit, dicens ei : « Eâ nempè lege, « ut hunc meî ergò servaturus sis. — Id tibi promitto, « ô domina! nisi fortè eo opus sit pauperibus. — Id si « evenerit, ait princeps femina, illum oppignerare satis « habeas; egoque repignerandum curabo. — Vererer, « ô domina! reposuit Franciscus, ne sæpiùs id fieret, « tuâque ego abuterer beneficentiâ. »

THEMA DUCENTESIMUM QUADRAGESIMUM

Administrator videns suum dominum cuncta, ipsasque suas vestes largientem, non dubitabat eum increpare, denuntiabatque se ab eo discessurum esse. At Franciscus benignè ei dicebat : « Æquum tu dicis, ego inemendabilis « sum : et quod gravius est, diù ero, ut videtur. » Nonnunquàm Christi è cruce pendentis illi ostendens effigiem, dicebat ei : « Numquid Deo qui nostrî ergò ità « neci se tradidit potest denegari? » Pudore suffusus abs-

cedebat administrator ; dicebatque aliis famulis quo
obvios habebat : « Vir sanctus est noster dominus ; om
« nes autem nos in publicam pauperum domum propel
« let; atque prior ibit ipse, si quam instituit viam perge
« tenere. » Si ad eum confugiebant fidei desertores, au
scelerum cumulatissimi, suos loculos, cor suum, suaqu
illis expandebat viscera. « Venite, charissimi filii, aieba
« illis, venite, ut vos amplexer. Hoc unum à vobis peto
« nimirum ne de salute vestrâ desperetis. » Cùm apu
nonnullos offensionem haberet hæc agendi ratio : « An
« non videtis, illis dicebat, has meas oves esse ? His Do
« minus noster totum suum dedit sanguinem ; quomod
« illis ego meas denegarem lacrymas ? Neutiquam du
« bito quin lupi isti in agnos olim sint convertendi. »

Coactus est sanctus præsul Sabaudiæ ducem Avenio
nem comitari. Avenione contulit se Lugdunum , ub
vigesimâ octavâ die decembris anni millesimi sexcente
simi vigesimi secundi mortuus est. Anneceium translatun
fuit corpus ejus; cor autem Lugduni servatum.

THEMA DUCENTESIMUM QUADRAGESIMUM PRIMUM

In urbe Antiochiâ, ut credunt, in lucem editus era
Nicephorus. Laicus solummodò erat, et sacerdoti nomin
Sapricio intimus. Uterque cum altero concordissimè vive
bat, adeò ut fratres illos existimavisses. At, nescio qu
calamitate, in odium tàm asperum abiit eorum amicitia
ut uterque alterum fugeret. Sat diù istud duravit. Ad s
demùm rediit Nicephorus ; secumque reputans diabol
vitium esse odium, nonnullos utriusque amicos rogavit
ut sacerdotem Sapricium adirent, eum obsecraturi n
pœnitenti veniam denegaret. At, quis credat? Sapriciu
de reditu in gratiam ne audire quidem voluit. Perstan
Nicephorus, ad illum iterùm imò et tertiùm misit; a
nihil impetrare valuit. Ipse demùm illum adiit, seque a
ejus pedes abjiciens, dixit ei : « Mi pater, nostri Domin
« ergò ignosce mihi. » Iste autem sacerdos adeò indu
ruit, ut cum illo ne loqui quidem voluerit.

Intereà supervenit christianæ religionis oppugnatio
Apprehensus Sapricius ductus est ad præfectum, qui e
more illum interrogavit. Nihil cunctatus Sapricius s
christianum et sacerdotem esse respondit.

THEMA DUCENTESIMUM QUADRAGESIMUM SECUNDUM

Sapricio mortem minatus est præfectus, nisi pareret sacrum diis faciendo. Dixit illi Sapricius : « Nos verò « christiani, Jesum Christum, solum verè Deum, cœli « et terræ creatorem, regem habemus : pereant idola « quæ nec bonum nec malum possunt facere. » Hunc judex iratus diù et acerbè torqueri jussit. Tormentorum vim Sapricius mirâ pertulit constantiâ, suoque judici dixit : « Penès te est corpus meum, non autem anima « mea : soli Jesu Christo ipsius creatori subjicitur. » Tandem præfectus, cùm infractum illum cerneret, capite eum damnavit.

Quem ad supplicium duci vix audivit Nicephorus, cùm obviam illi cucurrit, seque ad pedes ejus abjecit dicens : « Jesu Christi martyr, si te ego offendi, mihi da veniam. » Ei ne uno quidem verbo respondit Sapricius. Nicephorus in alio vico illi ex urbe nondùm egresso rursùs occurrit, eique dixit : « Obsecro te, Jesu Christi martyr, quam ad- « misi culpam, hanc mihi remitte, cùm à Domino quem « modò professus es coronam mox sis accepturus. » Sapricius autem in suâ perstitit induratione, nec illum alloqui voluit.

Tortores Nicephorum irridebant dicentes : « Tibi de- « mentiâ parem nunquàm nos vidimus : en capite mox « iste plectendus est, tuque tamen ab eo veniam flagitas. « — Vos nescitis, respondit Nicephorus, quid ab illo Jesu « Christi defensore postulem ; Deum verò non fugit. »

THEMA DUCENTESIMUM QUADRAGESIMUM TERTIUM

Ubi in supplicii locum advenit Sapricius, Nicephorus ultimùm conatus est ut cordis ejus flecteret duritiem; at inanem sumpsit operam. Deus ergò isti indurato sacerdoti regni cœlorum aditum præclusit. Jussus à tortoribus genua flectere ut obtruncaretur : « Nolite me ferire, res- « pondit Sapricius in alium repentè immutatus, ego jam « non dubito imperatoribus obedire, et diis sacrum fa- « cere. » Istud tristium verborum audiens Nicephorus, dixit ei : « Noli, mi frater, noli fidem deserere, nostrum- « que Dominum Jesum Christum ejurare ; quam tot cru-

« ciatibus acquisivisti coronam, hanc noli amittere. » At ei non auscultavit Sapricius.

Quem desperatum videns Nicephorus exclamavit : « Ego « christianus sum, et quem iste modò ejuravit nostrum « Dominum Jesum Christum, hanc ego profiteor : me « igitur, me istius loco interficite. » Injuriam ab isto misero sacerdote modò Jesu Christo illatam, hâc ratione eluere voluit Nicephorus, et quid valeat ejus gratia ethnicis demonstrare. Hunc tamen ferire non ausi sunt tortores, priusquàm jussisset præfectus. Inter illos unus cucurrit eum certiorem facturus, Sapricium promisisse se sacrum facturum esse, sed alium Christi causâ velle mortem oppetere, hunc palàm se christianum profiteri, nec unquàm sacrum diis facturum esse. Jussit præfectus huic caput illicò præcidi. Ità migravit Nicephorus, suæ fidei, suæ charitatis atque humilitatis præmium in cœlo accepturus ; et quâ indignus Sapricius factus fuerat, coronam assecutus est.

THEMA DUCENTESIMUM QUADRAGESIMUM QUARTUM

Æthiops erat Moyses, homo portentosâ staturâ et singulari robore conspicuus. Adhuc juvenis ad vitia solummodò pronus fuit. Primùm serviit civi qui istum sua ob latrocinia ac flagitia domo suâ ejecit. Posteà latronum colluviei præfectus, cædes multas patravit. Fertur, dùm ità flagitiosè viveret, die quâdam infensus cuidam pastori, cujus canes impediverant ne scelus patraret, hunc trucidandum ubiquè quæsivisse. Certior factus illum versari trans Nilum, hoc in loco mille latum passibus, vestibus capiti suo superpositis, arreptoque dentibus gladio, ità fluvium transnatavit. Quo viso aufugit pastor. Moyses, cùm iram suam in istum effundere nequivisset, quatuor ex optimis ejus vervecibus occidit, quos fune alligatos ponè se trahens, Nilum rursùs tranavit. Cùm in quemdam pagulum advenisset, pellem vervecibus detraxit, eximias sumpsit partes quas ederet, et reliquas necnon pelles vendidit, ut vinum emeret, quod abundè potavit ; dein rediit ad suos socios, qui ad decimam quintam abhinc leucam illum exspectabant.

Is erat Moyses sibi permissus : ità vixit ad ætatis suæ annum vigesimum quintum aut trigesimum. Hìc tùm

Deus ergà illum se misericordem præbuit, ut eum ex istâ miseriæ abysso abriperet. Adeò potenter illum attigit Deus, ut, abjectis repentè suis flagitiis, in solitudinem se receperjt, ut vitæ præteritæ noxas æquis pœnis ibi expiaret.

THEMA DUCENTESIMUM QUADRAGESIMUM QUINTUM

Haud ità pridem ad meliorem frugem Moyses se receperat, cùm quatuor latrones quibus ignotus erat, in eum irruerunt. Moyses totius sui adhuc compos roboris, quamvis asperè jejunaret, istos paleæ manipuli instar alligatos, suisque impositos humeris, è suâ cellulâ ubi solus versabatur, ad sacram ædem quò fratres convenerant. gestavit. « Isti, ait, isti me agressi sunt : cùm cuiquam « nocere mihi non licitum sit, per vos scire velim quid de « istis fieri vobis placeat. » Hi latrones, pudore suffusi, culpam suam coram Deo confessi sunt ; et compertum habentes eum à quo in istum modum excepti fuerant, ipsum esse Moysen, famosum istum ducem latronum, Jesu Christo laudem tribuerunt, exemploque ejus incitati ut mundo nuntium remitterent, eximii solitarii evaserunt.

Moyses, charitatis spiritu impletus atque in suarum miseriarum cogitatione planè defixus, non committebat ut de aliis facilè judicium faceret. Narrant, cùm quidam solitarius aliquid gravis noxæ admisisset, patres convenisse de pœnâ deliberaturos (*ou bien :* ut quid faciendum esset inter se perpenderent). In cœtum venit Moyses, sed planè invitus, suoque gerens dorso sportam sabulo plenam. Cæteri solitarii admodùm stupentes, quidnam hoc esset ab eo quæsiverunt : « Hæc sunt, ait, delicta mea, « quæ retrò gerens non video ; atque hùc venire jubeor, « ut de aliorum delictis judicium faciam. » Illud parabolæ cunctos coegit in sese descendere, nec ullus nocentem dammare ausus est.

THEMA DUCENTESIMUM QUADRAGESIMUM SEXTUM

Quam incolebat Moyses solitudinem, ea à gente feroci et crudelissimâ haud longè aberat, adeò ut solitarii istorum barbarorum excursionibus perpetuò paterent : quâ

de re Moyses dicebat : « Si patrum nostrorum præscrip
« observaverimus, planè Deo confidens, vobis audeo spo
« dere hùc non venturos esse barbaros. Quòd si à pri
« tinâ disciplinâ desciverimus, nobis haud dubiè loc
« est timendi, ne isti regioni inferenda sit depopulatio.
Quod prædixerat, id evenit. Cùm die quâdam Moys
cum solitariis sermonem haberet, illis dixit : « Hùc h
« diè venient barbari ; abite, aufugite. — Tu verò, pat
« noster, ei dixerunt, annon ipse aufugis ? — Jampriden
« respondit ille, diem istum exspecto, ut vera fiant hæ
« Jesu Christi mei Domini verba : Omnes qui acceperi
« gladium, gladio peribunt. » Significabat, patratis oli
cædibus, se non dubitare quin juxtà Jesu Christi verbu
interimendus esset. Ei dixerunt fratres : « Nec nos auf
« giemus, unàque tecum moriemur. — Haud meâ culp
« accidet (*ou bien :* ego culpâ vacabo), reposuit vir san
« tus, quid vobis faciendum sit vestrum est videre (*o
« bien :* vos videritis). » In eos ità colloquentes irruerur
barbari, cunctosque occiderunt, si unum excipias, q
metu post mattas delituerat. Ità, ineunte quinto secul
interiit sanctus Moyses, septuaginta quinque annos natu

THEMA DUCENTESIMUM QUADRAGESIMUM SEPTIMUM

Sinopes, in urbe Ponti, natus est Phocas. Propè a
portam hujusce urbis illi erat hortus, quem tantâ coleba
diligentiâ, ut haberet non modò undè viveret, sed etian
undè adesset pauperibus. Ædiculæ ejus cuique apud eur
hospitari cupienti patebant. Charitatem ejus martyr
beneficio Deus remuneratus est ; et Phocas, qui sui labo
ris fructûs pauperes Jesu Christi tàm munificè fecera
participes, visus est dignus qui etiam suum sanguinen
ac vitam Jesu Christi ergò effunderet. Orta est, impe
rante Diocletiano, ut verisimile est, atrox christianæ re
ligionis oppugnatio. Christicolæ, sceleratorum instar
ubiquè perquirebantur ; nullique eorum quos apprehen
dere poterant parcebatur. Phocas, licèt obscuram arten
exerceret, suâ pietate suâque ergà pauperes beneficenti
adeò insignis erat, ut ad religionis oppugnatores, tanquàn
Jesu Christi discipulus, delatus fuerit. Falsum istuc
scelus pervulgatâ notitiâ sat probatum visum est, adec
ut juris formulas hìc tùm omittendas putaverint. Mise-

runt ergò homines jussos illum extemplò trucidare. Cùm
rei agendæ præpositi in urbem nollent ingredi, priusquàm domicilium ejus exploratum haberent (*ou bien :*
nisi comperto ejus domicilio), quò faciliùs apprehenderetur, apud eum ipsum quem quærebant, inscii quidem,
hospitati sunt.

THEMA DUCENTESIMUM QUADRAGESIMUM OCTAVUM

Phocas suî investigatores benignè excepit, prout hospites excipere consueverat. De sui itineris causâ primùm
siluerunt. Cum autem inter cœnandum ab illis quæsivisset Phocas, quid negotii in urbem eos adduceret, arbitrati sunt, ut ergà suum hospitem gratos se præberent, ei
haud diutiùs tegendum esse suum consilium. Imperato
igitur ei silentio, illi confessi sunt se missos fuisse, ut
quemdam christianum, nomine Phocam, apprehensum
necarent; imò illum rogaverunt ut ad istum detegendum
sibi esset auxilio. Dei famulus, minimè perturbatus, illis
dixit sibi notum esse Phocam, seque illis ubinam esset,
die postero indicaturum esse.

Postquàm hospites ejus lectum petiverunt, sibi scrobem fecit, cunctaque sibi sepeliendo necessaria paravit.
Ubi illuxit, hæc ivit illis nuntiatum : « Repertus est Pho-
« cas, atque ubi primùm vobis lubebit, per vos planè stat
« quominùs illum apprehendatis. » Gavisi sunt illi, atque
ubinam esset ab eo quæsiverunt. « Haud longè hinc abest,
« respondit ille; vos illum videtis : Phocas ego sum; quod
« vobis præscriptum est perficite. » Homines isti mirum
in modum obstupefacti torpuerunt; à trucidando homine
qui ipsos tàm benignè acceperat, usquè adeò abhorre-
bant : quorum animum Phocas ipse firmavit, impulitque
eos ut munus suum exsequerentur. Tandem non nolue-
runt (*ou bien :* istud à se demùm impetrârunt), eique
caput præciderunt.

THEMA DUCENTESIMUM QUADRAGESIMUM NONUM

Nilammon propè inferioris Ægypti oppidulum cellulâ
inclusus vivebat. Hunc oppidani elegerunt, ut mortuo
ipsorum episcopo succederet : sed quamvis acriter insta-

rent, assentiri nunquàm voluit, usquè adeò indignum se noscebat, episcopatûsque periculis perterrebatur. Statui suæ cellulæ ostium claudere, nullique aperire. Roganti bus civibus, Theophilus, Alexandriæ patriarcha, illun adivit suasitque ei ut cederet precibus sacrosque ab ipse ordines susciperet. Nilammon iterùm atque iterùm excu satione usus est; vidensque Theophilum constante urgentem, dixit ei : « Mi pater, quod tibi libuerit cra « tu facies ; sine ut rationibus meis hodiè consu « lam. » Postero igitur die rediit Theophilus monuitqu ut ostium suum aperiret. « Priùs Deum precemur, res « pondit Nilammon.—Optimè dictum, reposuit Theophi « lus ; » cœpitque orare. Dies ità consumpta est. Theo philus, et qui extrà cellulam cum illo stabant, postquàn diù exspectavissent, Nilammonem inclamaverunt. At ille non respondit. Tandem, sublatis saxis, apertoque ostio illum mortuum repererunt.

Casus tàm inopinatus primùm sanè quidem omnes per culit ; mox verò persuasum habuerunt, illum sibi à Dee vitæ finem petivisse, ne episcopatûs adiret pericula Pretiosis indutum vestibus publico sumptu sepeliverunt atque super tumulum ejus ædes sacra ædificata est.

THEMA DUCENTESIMUM QUINQUAGESIMUM

Inter martyres qui, imperante Licinio, passi fuêre nulli sunt clariores quàm ii quos vocant quadraginta martyres, quique, anno ferè trecentesimo decimo tertio Sebastes Jesum Christum professi sunt. Erant omnes ætate florentes, pulcherrimâ specie, strenui, belloque ad modùm inclyti. Ubi primùm certiores facti sunt ab impe- ratore jussos fuisse milites diis sacrum facere, ab alii secesserunt, atque impavidè denuntiaverunt se nolle idolo- latriæ fieri participes. Comprehensi adducti sunt ad judi- cem, qui imperatoris mandatis parendum esse illis de- nuntiavit. Audacter cuncti responderunt se christianos esse, atque ad extrema patienda paratos, potiùs quàm à sanctâ suâ religione deflecterent. Judex frustrà conatus ut illos promissis suis alliceret, deindè ut minis metum illis incuteret, jussit illos flagellis unguibusque ferreis concidi, catenisque onustos conjici in carcerem. Ibi diù manserunt, nec indè exiverunt, nisi ut ad prorsùs insoli-

tum ducerentnr supplicium. Algida regio est Armenia,
tuncque hiems erat. Judex jussit illos planè nudos per
noctem præfrigidam in stagno glaciato exponi. Simul balneum calidum in proximo parandum curavit, jubens hùc
illicò transferri illos, qui, aspero fracti frigore, promitte-
rent se diis sacrum facturos esse, ut vitæ suæ consulerent.

THEMA DUCENTESIMUM QUINQUAGESIMUM PRIMUM

Martyres vestes suas alacriter exuerunt. Invicem co-
hortabantur, dicentes unius noctis spatium felicitatem
æternam sibi pariturum esse. « Quandòquidem semel
« moriendum est, adjiciebant, moriamur ut in æternum
« vivamus. Ne dubitemus Dei ergò vitam profundere,
« cujus periculum quotidiè adeunt tot milites, principi
« mortali navantes operam. Nobis quàm turpe foret, ad
« tuendam veritatem, id non posse pati quod scelerati
« homines in suorum scelerum pœnam inviti patiuntur!
« Quadraginta in stadium ingressi sumus; fac, Domine,
« ut quadraginta coronemur. » Eorum preces exaudivit
Dominus, aliter verò quàm putabant. Namque dolenter
viderunt inter se unum animo deficientem excedentemque
è stagno, ut in balneum calidum properaret. Illud autem
illis fuit solatio, quòd in istius locum alter extemplò
suffectus est. Ibi stabat custos ad ignem se calefaciens,
dùm prælium desineret, in balneum calidum daturus
aditum, si quis animo deficeret. Illi patuit stupendum
sanè spectaculum : angelos vidit è cœlo descendentes dis-
tribuentesque præmia fortibus illis militibus, si illum qui
dolore fractus est excipias. At ignavus iste scelere suo
animæ vitam abjiciens, ne corporis quidem vitam servavit; namque ubi primùm attigit aquam calidam, expiravit.

THEMA DUCENTESIMUM QUINQUAGESIMUM SECUNDUM

Custos adeò mirifici eventûs spectator vix aspexit miserum istum defectorem ad balneum properantem, cùm
suas vestes exuens locum ejus occupavit inter martyres,
cum illis clamans se christianum esse. Quâ indignus alter
census fuerat, hic ità retulit coronam : terrifico isto
exemplo perculsus fortissimus quisque intremiscat, dis-

catque indesinenter orare, ut nulli debitam perseverantiam à Deo obtineat.

Ubi illuxit, cùm adhuc spirarent, in plaustris positi sunt, atque projecti in ignem, qui dolores illorum exacerbavit. Ex illis unum reliquerunt carnifices, quòd cæteris vegetior ipsis videretur, illumque fractum iri sperarent. At mater ejus quæ aderat, naturæ sensum fide superans, suis attollens illum brachiis, cum cæteris in plaustro posuit dicens : « I, mi fili, hoc iter prosperum cum tuis so- « ciis perfice, ne Deo postremus offeraris. » Postquàm cremati sunt, quod igne consumptum non fuerat, id in fluvium projectum est ; christicolæ nihilominùs plurimas eorum reliquias servaverunt. In varias delatæ sunt provincias, ubi eorum (1) honoris causâ ædes sacræ ædificatæ fuerunt, solemnique admodùm ritu celebrata est eorum memoria.

THEMA DUCENTESIMUM QUINQUAGESIMUM TERTIUM

Iconii in lucem edita est Julitta : licèt nobili natam genere, sua eam pietas adhuc multò magis commendabat. Nupsit, peperitque filium nomine Cyricum. Vix sacro fonte ablutum Deo obtulit, ut innocentiam illi isto sacramento collatam tutam faceret.

Cùm edictum adversùs christianos evulgari jussissent imperatores Diocletiänus ac Maximianus, isti exsequendo præfectus, nomine Domitianus, totus incubuit. Julitta, suis diffisa viribus, non commisit ut expectaret dùm in semetipsam manus injicerent. Ex urbe igitur, imò et è provinciâ excedere properavit, sequentibus duabus tantùm famulabus, filiumque suum tres annos natum secnm abduxit. Hanc religionis oppugnatores nihilominùs apprehenderunt. Suum filium suis complectens brachiis, ad tribunal judicis, nomine Alexandri, deducta est. Duæ autem ejus famulæ adeò perterritæ sunt, ut aufugerint. Sed cùm animos ex pavore non nihil recepissent, venientes se turbæ intermiscuerunt, ut quid de suâ herâ ac filio ejus fieret comperirent. Suo de nomine, de suâ conditione ac religione ab Alexandro interrogata Julitta, hoc unum respondit : « Christiana ego sum ; absit ut « unquàm idolis sacrum faciam. »

(1) *Martyrum.*

THEMA DUCENTESIMUM QUINQUAGESIMUM QUARTUM

Cùm Julitta, aliis de rebus interrogata, idem constanter responderet, judex adeò exasperatus est, ut è matris torquendæ brachiis filium abripi jusserit. Nec mora, illam in equuleo extenderunt tortores, brachiisque et cruribus constrictam nervis bubulis atrociter contuderunt. At infans, cùm à suâ matre abstractum se videret, flere cœpit atque ejulare, omni conans impetu ut ad illam rediret, (ou bien : ut illam attingeret). Judex, ejus pulchritudine perculsus, illum ad se afferri jussit, ut eum permulceret blanditiis, ejulatusque ejus ac lacrymas inhiberet. Suis genibus eum imposuit, admovitque osculandum. At infans istius caput tenellis manibus avertebat, satagebatque ut se expediret, istius faciem suis unguiculis, lateraque suis appetendo pedibus. Impedire non poterant quin in matrem suam suos constanter defigeret oculos, illiusque exemplo clamantem eum audiebant : *Christianus ego sum*, nec aliud verbum ex illo elici potuit. Tunc judex, soli suæ serviens rabiei, infantem uno pede apprehensum, ab alto tribunali ad terram afflixit. Hujus insontis victimæ caput ad scabelli cornu allisum est ; temporisque momento, quæque proxima loca sanguine conspersa, et cerebro operta conspicati sunt. Judex, licèt furibundus, ipse, non secùs ac cæteri spectatores, istius modi barbariem perhorrescebat.

THEMA DUCENTESIMUM QUINQUAGESIMUM QUINTUM

Sola Julitta tàm horrendum spectaculum siccis oculis sustinuit atque naturæ affectum fide superans, exclamavit : « Tibi gratias ago, Domine, quòd filium meum prio-« rem me æternâ coronâ redimitum volueris. » Judex audivit preces istas demonstrantes quantùm mortem Julitta despiceret. Magnum ergò animum ejus frangendi spem abjecit, et postquàm in equuleum rursùs fuit imposita, jussit ejus latera unguibus ferreis dilaniari, atque in pedes infundi fervidum oleum, dùm præco sic illam compellaret. « Julitta, tuî miserere, et sacrum fac diis ; « ne tuus veluti filius, miserandum in modum ipsa mo-« riaris. » Mulier sancta, sui vexatoris minas despiciens, altâ voce dixit : « Sacrum haud facio surdis mutisque

« simulacris ; ego autem Jesum Christum unicum Dei
« Filium adoro ; mihique nihil longius est quàm ut in
« regnum cœleste meum ego sequar filium. » Alexander,
planè devictus hujusce sanctæ martyris constantiâ, caput
ei præcidi jussit. Tortores confestim, in os ejus inserto
ligno, in supplicii locum eam duxerunt. Illa, flexis genibus, dixit : « O Domine ! qui priorem me meum vo-
« câsti filium, ancillam tuam misericors quoque respice,
« atque mihi, licèt indignæ, da locum inter sapientes
« illas virgines, quæ te amabunt adorabuntque in æter-
« num. » Tortor caput ei præcidit ; atque ipsius necnon
ejus filii corpus extrà urbem projectum est. Die postero,
duæ famulæ noctu ablata corpora sepeliverunt.

THEMA DUCENTESIMUM QUINQUAGESIMUM SEXTUM

Jesus Christus, postquàm homines sermonibus suis
edocuit, postquàm illos ad virtutem suis incitavit operibus, postquàm illos suis convicit miraculis, suisque beneficiis cumulavit, jam in eo est ut eos suo redimat sanguine,
suoque sacrificio illis conferat sanctitatem : ô quantum
ergà homines amoris prodigium ! quis potest eum non
diligere ? « Vos scitis, suis ait discipulis, traditum iri ho-
« minis Filium ut crucifigatur. » Qui Jesum Christum
audit usque adeò sedatè loquentem de nece tàm crudeli
tàmque ignominiosâ, quam post biduum erat perlaturus,
is videt sanè huncce Filium hominis, Dei quoque esse
Filium. Cùm Judas sacerdotum principes adiisset, pro-
misissetque, partâ mercede, illis à se Jesum traditum iri,
non commiserunt ut perfidi istius apostoli operam repu-
diarent, seque illi triginta nummos argenteos daturos
esse promiserunt. Ab avaritiâ quid non metuendum
est, cùm ista usque eò procedat, ut Jesum Christum
cœli regem ac terræ tàm vili venundet pretio ? Tùm
Judas, quem Jesus Christus ad apostolicam promoverat
dignitatem ; Judas cui miracula patrandi potestatem fecerat, quique, cæteri velut apostoli, Jesu Christi Corpore
ac Sanguine mox erat alendus ; Judas, inquam, licèt
tot tantisque cumulatus beneficiis, animo jam nihil aliud
agitavit quàm quo modo suum Magistrum ac Deum
traderet.

THEMA DUCENTESIMUM QUINQUAGESIMUM SEPTIMUM

Contremiscamus videntes Judam à Dei Filio deficientem ut dæmoni sese dedat, ab illius discipulis demigrantem ut adversariis ejus præficiatur, ejurantemque apostoli munus ut proditoris partes impleat. Principum Sacerdotum ac Pharisæorum odii servum ministrumque se maluit quàm Jesu Christi charitatis ac sacerdotii adjutorem. En ergò præest colluviei hominnm nefariorum Jesu Christi apprehendendi gratiâ armatorum; et qui venit sontes quæsiturus, ut illis vitam daret, ipse quæritur à sontibus ut interficiatur. Isti non verentur profiteri à se quæri Jesum Nazarenum; vixque illis dixit Jesus Christus : *Ego sum*, cùm omnes humi procumbunt, nec quisquam unus Dei dexteram omnipotentemque Jesu Christi vocem agnoscit. Judas apostolus, tot cumulatus beneficiis, Jesu Christi miraculorum spectator, verbo ejus tàm diù nutritus, velut cæteri, sternitur, nec se convertit (*ou bien :* nec à scelere se abstinet); Saulus autem, apostolorum et Ecclesiæ insectator, qui Jesum Christum nunquàm novit, qui solummodò christianorum cædem anhelat, vix sternitur cùm arma abjicit, fitque è lupo cædis avido agnorum mitissimus. O Deus! quàm profunda mentique humanæ impervia sunt tua consilia! Hæc adoramus hisque nos subjicimus.

THEMA DUCENTESIMUM QUINQUAGESIMUM OCTAVUM

Qui non intremiscit videns unum è Jesu Christi gregis ducibus in luporum latronumque doctorem mutatum, istum fugit quousquè cordis humani cæcitas ac depravatio valeant procedere. Quò sanctior est dignitas, eò magis timeamus. Quò quis è sublimiori loco, eò magis terribilem in modum corruit (*ou bien :* eò periculosiùs corruit). — Quis non horrescat videns unum inter christianæ Ecclesiæ principes coeuntem cum uno è Judaicæ Principibus, ut Ecclesiæ caput atque fundatorem eradicando ipsam pessumdent Ecclesiam? Istorum sacrilegam pactionem Salvator perfacilè diremisset; at peccatum peccato deleri oportebat, morique vitæ Auctorem ut mortem istiusque imperium everteret. — Apud homines non est contumelia atrocior, veniâque magis indigna

quàm alapa; ideòque istud contumeliæ perferre voluit
Jesus Christus, ut ignominiâ afficeret eradicaretque hominum superbiam, illisque præberet patientiæ exemplum,
quod illis erit damnationi, nisi illud imitentur. — Quid
Jesu Christo acerbius, quàm ab amico tradi et venunda-
ri, ejurari ab alio, à cunctis derelinqui, cùm ità dignus
esset qui constanter amaretur ! Ne miremur autem Jesum
Christum ab hominibus derelictum videntes, cùm venerit
ut hominum veritatis desertorum pœnam persolveret,
illisque præstaret ne à Deo desererentur.

THEMA DUCENTESIMUM QUINQUAGESIMUM NONUM

Si digna fuerunt divi Petri vincula quæ peculiari modo
in Ecclesiâ colerentur, quantò majori nobis debent esse
venerationi Jesu Christi vincula ! — Cùm divum Petrum
audio jurantem sibi ignotum esse Hominem Deum, non
possum quin me sic interrogem : « An autem ille est qui
« olim dicebat : Domine, ad quem iremus ? Nobis non
« licet dubitare quin vitæ æternæ verba habeas : te
« Christum Dei Filium esse nos credimus. » — Iste Jesum
Christum ejurat, qui se illius discipulum non audet profiteri. Quidam columnæ instar firmos se existimant, qui
arundine fragiliores sunt ; et quidam putant se Dei ergo
posse mortem oppetere, qui veluti sanctus Petrus, famulæ
voci non resisterent (*ou bien :* qui famulæ voce frange-
rentur). Quis valeat Jesu Christi silentium non demirari?
Frustrà eum calumniantur : argui se patitur, nec tamen
os aperit ut crimen diluat. Interrogatus autem utrùm
ipse sit Christus Dei Filius, sanè quidem non silet de
veritate cujus causâ mori volebat, et cujus gratiâ tàm
multi martyres adorandi sui ducis exemplo mortem erant
perlaturi. — Postquàm ipse vitæ Auctor morte dignus
æstimatus est, an nos queri audebimus, quòd homines
de nobis iniquum ferant judicium?

THEMA DUCENTESIMUM SEXAGESIMUM

Pilatus insontem esse Jesum Judæis frustrà demonstravit ; frustrà excogitavit quomodò illum istorum furori
subtraheret, sive illum virgis cædi jubendo, ut istos ad
misericordiam alliceret, sive illum cum Barabbâ æqui-

parando. Vix istis dixit : « Utrum dimitti vultis vos, « Jesumne an Barabbam? » cùm exclamaverunt : « Dimitta- « tur Barabbas, Jesusa utem crucifigatur. » Proh hominum cæcitas ! Salvatorine præpositum fuisse latronem, pacifico Regi seditiosum, vitæ Auctori percussorem ! Usque adeò abjecit se Dei Filius, ut nobis salutem, pacem æternam- que vitam emeret. Magis autem in peccatum quàm in Judæos nostra exardescat indignatio, quandoquidem peccata nostra Judæorum ore Jesu Christi mortem popos- cerunt. Deo satisfieri oportebat, nec potuit nisi crucis sacrificio. Non potest quin indignetur, qui meminit minùs vitâ dignum æstimatum fuisse Jesum Christum quàm latronem homicidamque : quid aliud autem agit pecca- tor, qui, postquàm gustavit quàm suave sit Domini jugum, illud excutit, ut peccato inserviat ? Annon æquiparat, imò anteponit Jesu Christo Barabbam, qui mavult suis cupiditatibus obsequi quàm Evangelio ; profano quàm divino Spiritui ; prioris Adami sontis, quàm posterioris qui ipsa est sanctitas propensionibus ? Quod fecerunt Judæi, istud nos horrescimus ; et meritò quidem indigna- mur. Illi tamen semel tantùm fecerunt, nos verò sin- gulis diebus, nec tamen commovemur, nec animo adver- timus.

FINIS

www.ingramcontent.com/pod-product-compliance
Lightning Source LLC
Chambersburg PA
CBHW052359090426
42739CB00011B/2437